JN062624

発達障害者の
当事者活動・自助グループの
「いま」と「これから」

監修　東條吉邦
藤野　博
編著　高森　明

金子書房

はじめに

本書の29ページ目に「自立とは，親からも支援者からも，干渉されないこと」という言葉がある。当事者活動・自助グループの究極の目標ともいえる名言である。この本では，発達障害，発達特性，発達の凸凹といった個性があるために，少数派を自覚し，生きづらさを感じている人々が集う「当事者グループ」の歩みと課題が展望されている。それでは，発達障害の概念について，最初に簡潔に説明する。

発達障害という語は，国によっても，用いる者の立場によっても，用いられる文脈によっても，その意味合いが異なることに注意することが大変重要である。大別すると，①発達期（18歳未満）に生じた障害全般をさす場合，②発達期の障害全般ではなく，知的障害を含めた脳の発達に関連する障害のみをさす場合，③脳の発達に関連する障害のうち知的障害を含めない場合などがある。

一般には，吃音，チック症，発達性協調運動障害なども，この③に該当する発達障害であり，吃音やチック症の当事者活動や自助グループも存在するが，本書では，2004年に国会で成立した発達障害者支援法に示されている「自閉症，アスペルガー症候群その他の広汎性発達障害」，「学習障害」，「注意欠陥多動性障害」と診断された人々と，それらの発達障害の可能性があると自覚している人々の活動について主に紹介することにした。医学的な名称としては，自閉スペクトラム症（Autism Spectrum Disorder; ASD），限局性学習症（Specific Learning Disorder; SLD），注意欠如・多動症（Attention-Deficit/Hyperactivity Disorder; ADHD）の三つのグループが該当する。

一方，発達特性，発達の凸凹といった語は，診断の有無にかかわらず，これら三つのグループと類似した認知や行動のスタイルを示す語として，本書では用いられている。それでは，発達障害や発達の凸凹が生じる原因は何か。

結論からいえば，自閉スペクトラム症，限局性学習症，注意欠如・多動症の三つとも，原因は未解明である。「生まれつきの障害」という言説は，科学的には実証されておらず，憶測に過ぎないので，当事者も支援者も，「生まれつきの障害」と思い込む必要はない。「乳幼児期から青年期の環境要因と環境への対応行動が発達の非定型性の原因になる」と仮定するほうが，科学的には妥当であり，そうした仮説を支持する研究が21世紀に入って増加している（東條，2018）。

監修者　東條 吉邦

文献

東條吉邦（2018）．発達環境と自閉スペクトラム症．日本発達心理学会（編）自閉スペクトラムの発達科学　新曜社　pp.77-90.

もくじ

第1章

発達障害者の当事者活動・自助グループとは

高森　明

1．はじめに

編者は21世紀の初頭から発達障害者自助グループの運営に細々と関わり続けているASD当事者である。と言っても，筆者が現在運営に関わっているグループは年に4回程度，地域のボランティアセンターの会議室を借りて，オフ会を開いている程度で，それほど大規模なイベントや事業を展開しているわけではない。本書に活動事例を提供してくださった執筆者たちが運営に参画するグループの方がよほど意欲的な活動を行っていると言っていいだろう。

本来は，より意欲的な活動を展開している自助グループの実践家に編者の座を譲った方がいいのかもしれない。それでも編者はその創成期から，まだそれほど長いとは言えない発達障害者自助グループの生成と変転の歴史を目撃する機会に恵まれた。今の段階で，発達障害者自助グループの過去と現在，そしてこれからを展望するような共著をまとめてみることには一定の意義もあるだろうと考えるに至った。

本章においては，まず本書が主題とする発達障害者の当事者活動・自助グループとは何なのかを明らかにする。次に編者との関わりのある範囲に限定されるが，当事者活動・自助グループの歴史を概観する。その上で，本書において，何らかの形で自助グループの実践，あるいはその準備支援に関わっている執筆者たちがどのような実践に取り組み，どのような考えを提示しているのか第2

章以降で扱う内容の見取り図を示したいと思う。

2．発達障害における当事者活動・自助グループとは何か

冒頭から発達障害者の当事者活動・自助グループという言葉を何の説明もなく使ってきたが，いったん概念を整理しておこう。まず，本書で当事者活動という場合，誰が運営の担い手なのかは問わず，当事者を主な参加者とする当事者のための活動のことを指している。

運営の担い手は支援者，親の会に所属する家族であってもよく，運営への当事者の参画は必ずしも必須とはされない。例えば，活動に参加する当事者が年少である場合，不登校・ひきこもり状態にある場合，団体運営に参画する力が十分に育っていない場合などは，当事者が運営に参画しない形での当事者活動という形態が必要な場合がありうる。

もちろん，自助グループも当事者活動の１つの形態である。ただし，本書で自助グループという場合，「当事者が主な運営の担い手であるか，主体的に運営に共同参画しているか，運営に参画させようという志向を持つ当事者活動」に限定される。もちろん，論者によっては「当事者が主な運営の担い手である当事者活動」以外は自助グループとは認めないという主張もありうるだろう。しかし，そこまで自助グループの範囲を限定してしまうと，支援者が次第に運営の主導権を当事者に委ねていこうとする支援プログラム，当事者・家族・支援者などが協同で運営する当事者活動などが不当に議論から排除されてしまうことになる。詳しくは第５章の著者が述べているが，当事者だけで処理しきれないことは，当事者以外に委ねるというのも，自助グループ運営の重要な知恵なのである。また，自助グループについて論じる場合，編者は当事者が運営を担うことを想定していない当事者活動の運営者の意見も参考にはなると考えている。そのため，本書の共同執筆陣には，「当事者が主な運営の担い手である」自助グループのみならず，自助グループを作るための準備支援的な当事者活動に協力する支援者，自助グループを当事者と共同運営する家族・支援者・当事者以外が主導で運営する当事者活動の支援者を加えている。外部からの視

点を積極的に導入することも自助グループ運営には不可欠であると考えるからである。

次に，当事者活動・自助グループの主催団体についてだが，便宜的には以下のように分類される。

①　当事者が設立した団体
②　親の会が設立した団体
③　支援者が設立した草の根的な民間団体
④　支援機関（医療機関，療育機関，教育機関，福祉機関，就労支援機関など）が設立した団体

①は典型的な自助グループの例と言えるが，発達障害支援の分野では，②③④の下で行われていた当事者活動が，発展的に自助グループに移行する場合もある。もっとも①～④の境界は極めてあいまいである。当事者であることと，当事者の家族であることは必ずしも矛盾しないし，自助グループを運営する当事者が心理，福祉の資格，職歴を持っていることは珍しいことではない。当事者が設立した団体が，親の会，民間団体，公的機関の協賛，後援を得てイベントを開催することはよくある話である。設立主体は当事者，親の会，民間団体，支援機関に分かれていても，当事者だけ，親だけ，支援者だけで運営されている当事者活動・自助グループはほとんどないと言ってよい。

では当事者活動・自助グループはどのような活動を行っているのだろうか。活動内容はオフ会，茶話会，レクリエーション，学習会，ワークショップ，トレーニング，デイキャンプ，相談事業，メンタルヘルス対策など多岐にわたる。2010年代以降は，失敗したケースもあったとは言え，福祉，雇用分野の助成金事業に積極的に参画しようとした自助グループもあった。当事者研究，AA（アルコホーリクス・アノニマス）などアディクションや統合失調症の分野で編み出された活動プログラム，運営手法が発達障害者自助グループの世界に持ちこまれることもある。活動内容はその時点で参加している当事者のニーズ，関心に左右されており，明確には確定できないというのが実情である。

3．発達障害者当事者活動・自助グループの今まで

次に編者自身の体験に基づき発達障害における当事者活動・自助グループの歴史を振り返っておこう。編者が知る限り，最も古くからあった当事者活動は，親の会，民間の支援団体を運営の主体とするグループであった。特に発達障害児が特別支援教育の対象となる2003年以前，発達障害児の公的支援がほとんどなされておらず，これらの団体が細々と草の根的に当事者の支援を行っている状態であった。21世紀に入った段階では青年期に達していた当事者もおり，当事者の青年部を立ち上げた団体もちらほら出始めていた。編者自身も当事者の自主運営グループを立ち上げる前は草の根的な親の会，民間団体にボランティアとして入り込みながら，大人になってから発達障害と診断された中途診断者の居場所をどのように作ればよいのか考えを巡らせていた。この段階では当事者活動の対象となったのは，早期発見・早期対応された当事者であり，大人になってから診断された中途診断者の受け皿はほとんどなかったからである。

中途診断者の自助グループの結成には，1990年代後半のインターネット（IT）の普及が重要な役割を果たしていた。ITの普及により，発達障害親の会，あるいは発達障害に関係する個人（当事者，家族，支援者）が発達障害に関する情報サイト，掲示板，チャット，会員制メーリングリスト（ML）を立ち上げた（現在はもちろんSNSの役割が重要である）。当事者の中にもPCが得意であるか，それなりのレベルに達している者が少なからずいたため，20世紀末には当事者のための掲示板，チャット，MLがいくつか立ち上がっていた。この時期には発達障害に関する報道，一般読者向けの成人ADHDに関する本が多数出版されるようになり，一部には大人の発達障害に対応する医療機関も出てきた。診断，未診断を問わず，大人になってから発達障害のことを知った当事者たちが，他の当事者，支援者との交流を求めて，掲示板，チャット，MLに殺到するようになった。掲示板には当事者が企画したオフ会の周知が流れるようになり，オフ会で知り合った当事者たちが自助グループを立ち上げるようになった。編者の場合も例外ではなく，親の会の運営するフォーラム，当事者が運営するウェブサイトの掲示板およびMLで呼びかけられたオフ会に参加

し，そこでのつながりを起点にして，自助グループの立ち上げを進めていった。

2000年以降，当事者が自主運営する自助グループは加速度的に増えていった。しかし，初期の段階から，当事者グループ内部の対立と分裂，当事者グループ同士のネット上における中傷合戦，団体運営の未熟さによるトラブルなどは発生しており，現在なお解決したとは言えない状況が続いている。編者自身も何度かトラブルの渦中に身を置いていたことを，素直に告白しておこう。

2005年４月に発達障害者支援法が施行された前後から，当事者が自主運営する当事者グループと親の会，民間団体との連携が増えていった。編者もこの時期から親の会，民間団体が運営する自助グループの運営に協力を要請される機会が増え，当事者として講演や執筆を頼まれる機会が増えた。親の会，支援機関は自らが支援する当事者たちの受け皿を作るため，グループ運営の経験のある当事者，自らの体験，困難，支援に対する提言をできる当事者の語り手を必要としていたためである。2005～2010年ごろの編者はどちらかと言えば，親の会，民間団体との連携事業に活動の比重を置いていたように思う。そして，大人の発達障害者支援体制が整備されていく過程で，中途診断者が自主運営する自助グループは歴史的使命を終え，次第に消滅していくだろうとさえ予想していた。当事者活動は支援機関，支援団体中心になると予想していた。すでに2005年ぐらいから支援団体のグループ運営に関わる機会も増えていた。

しかし，編者の予想は見事に外れた。2010年の障害者自立支援法改正で発達障害者が同法の支援の対象となり，2010年代は就労支援の分野を中心に大人の発達障害当事者の受け皿は増えていったが，中途診断者が自主運営する自助グループは消滅することはなかった。それどころか，2010年を境に都市部では新しい中途診断者が運営する自助グループが次々と生まれ，大都市では毎週のように自主運営グループが主催するイベントが繰り広げられている。親の会，民間団体が設立母体となる当事者活動・自助グループについても事情は同じである。

なぜ，なしうる活動にも資金力にも限りのある草の根的な当事者活動・自助グループが，支援体制の整備が進みつつある今も必要とされているのだろうか。なぜ，専門家，支援者が増え，公的支援もいくらか受けられるようになった現在，中途診断者による自主運営グループは生き残り続けているのだろうか。不思議と言わざるをえない。まずは当事者活動・自助グループは何をやっているのかを知る必要があるだろう。

本書においては，当事者活動・自助グループの運営に関わる当事者，家族，支援者にこれまでの実践を振り返っていただき，その上で，当事者活動・自助グループが今抱えている課題，今後の展望についても語っていただいた。また，支援以外の分野から当事者および自助グループを研究してきた研究者たちにそれぞれの立場から，自助グループの意義と今後の課題を挙げていただいた。当事者活動・自助グループの今までの取り組みと課題を整理し，これからの展望を得ることが，本書の課題である。

4．本書の構成

第２章以降の見取り図を示していこう。第２章は21世紀の初頭から息長く活動を続けている３つの自助グループの運営に関わる執筆者にそれぞれのグループの取り組みと課題，今後の展望を語っていただいた。３つの団体とも国内での知名度は高いが，自助グループの代表例として取り上げたつもりは毛頭ない。他にも意欲的な取り組みを行っている自助グループは日本各地にあるのだが，活動内容をどこまで公開することが可能か，編者らと交渉可能な運営参画者がその団体内にいるかといった制約条件もあり，NPO法人発達障害をもつ大人の会（2016年にNPO法人DDACと改称），成人ディスレクシアの会（DX会），NPO法人東京都自閉症協会　高機能自閉症・アスペルガー部会アダルト・スペクトラム・ネットワーク（ASN）の３団体に執筆を依頼した。参加者が安心して参加できることが求められる自助グループの活動内容の公開にはそれなりにリスクがあり，リスクを冒して取り組みを紹介していただいた３団体に深く感謝したい。

第１節は現NPO法人DDAC理事の上野真哉氏に，同法人の団体名が発達障害をもつ大人の会だった時期の活動を振り返っていただいた。同法人はADHDの自助グループから出発した関西のグループであり，2010年以降は様々な受託事業を引き受け，ピアサポート事業を展開してきた。ピアサポート事業を多数経験したことで，浮かび上がってきた課題は，ピアサポーターの確保と能力向上であるとしている。「当事者による自主運営」の魅力と難しさを知る好事例と言えるだろう。

第２節は認定NPO法人エッジ（EDGE）会長藤堂栄子氏とDX会の柴田章弘氏に同会の設立当初から現在までの活動，課題を振り返っていただいた。エッジはディスレクシアの正しい認識の普及と支援を目的とした民間団体であり，DX会は同法人において，18歳以上の成人当事者を対象に当事者同士によるエンパワメント，ディスレクシアの正しい理解の普及を目指す活動を行っている。課題としては，DX会ができること，できないことの線引きを参加者に伝えることの難しさを挙げている。LD，ディスレクシアの自助グループは参加する当事者の障害特性（読み書きの困難性）から，ADHD，ASDの自助グループに比べるとネット上に記録を残すことが少ないため，意外に活動の足跡を知る手がかりが少ない。その意味で貴重な活動紹介と言えるだろう。

第３節は，NPO法人東京都自閉症協会　高機能自閉症・アスペルガー部会副理事長の尾崎ミオ氏にASN（アダルト・スペクトラム・ネットワーク）の設立経緯，今までの活動，設立経緯について振り返っていただいた。ASNは同法人の運営委員によって運営されている本人部会であり，運営委員は当事者と当事者家族によって構成されている。設立に至っては，「当事者主体」が軽視されがちなASD支援に対する問題意識があったとされる。「当事者のみによる」ではない「当事者と家族の協力による」運営のあり方を考える好事例と言えるだろう。

第３章は編者が東京の複数の自助グループに常連として参加していた８名の発達障害当事者に集まっていただき，座談会を開き，自助グループの常連となった当事者たちが，どのような経緯で当事者グループに参加するようになり，参加してよかったこと，課題に感じること，今後期待したいことについて自由に語っていただいた。これは当事者，家族，支援者のうち，誰が当事者グループの運営主体になった場合でも同じなのだが，当事者活動・自助グループは時に運営者の思いが前面に出てしまい，参加者がそのグループに何を求めているのか，どのように運営してほしいのかが置き去りになってしまうことがある。各当事者活動・自助グループの活動は多種多様であってもよいのだが，参加者が求めていることに絶えずアンテナを張り，必要に応じて活動，運営のあり方を柔軟に軌道修正していく姿勢は，どの当事者活動・自助グループにも必要な構えと言える。

座談会出席者からは，自らの居場所や仲間が得られたこと，他の居場所でのしっくりいかなさが解消されたことに対して肯定的な評価が得られたが，話題が内向きになってしまいがちであること，外部との協力が不十分であること，問題を解決しようとする志向が弱いこと，十分安心できる場になっていないことなどが挙げられた。外部との協力の必要性，安心できる居場所であってほしいという意見は，第５章に論考を寄せていただいた支援者からも出されており，自助グループの重要な課題ということになる。

自助グループに期待することとしては，それぞれの当事者が世代ごとに抱える課題を共有すること，そこからさらに発展した活動が広がっていくことなどが挙げられた。自助グループに長期間関わることにより，長期展望で当事者，家族の人生，支援のあり方を考えることができるというメリットは当事者活動全体に言えることであろう。

第４章は当事者グループの運営に関わったことのある当事者から，それぞれの経験に基づき，考えたことを論じてもらった。

第１節は，井上メグ氏が自助グループを立ち上げ，運営を行っていた時に経験した難しさを語っている。井上氏が特に苦しんだことは，専門職，支援者として期待されてしまうことであったと言う。近年，当事者グループでは，福祉資格，心理資格を取得して運営に関わろうとする当事者も増えている。資格を取得することにより，活動の幅は広がる半面，井上氏のような難しい状況に置かれるケースも予想される。支援の有資格者，経験者という立場から運営に関わろうとする際に，どのような心構えを持つことが大切なのかを井上氏は自らの体験を通じて，伝えている。

第２節は，手前味噌で恐縮だが，編者がグループ運営という視点から問題提起をさせていただいた。特に当事者の自主運営グループは，自らが運営の担い手となる分，ルールの遵守，参加者に対する公平性，運営の透明性に対して重い責任を担うことになる。運営者がルールなのではなく，運営者もまたルールに拘束されるというのが，論考における編者の主張である。

第５章では，当事者活動全般に支援者の立場から関わった執筆者に，自らが関わった当事者活動・自助グループの立ち上げの経緯，活動内容，自助グループへの提案などを執筆していただいた。

第１節は山口大学の教員であり，山口県内のいくつかの当事者活動に協力している木谷秀勝氏に自らの歩みと自助グループへの期待を語っていただいた。木谷氏は自らの実践を通じて，ASD当事者が「自分らしく生きる」ことが重要であることを認識し，そのためのスキル獲得，「自分らしさ」を取り戻す活動をプログラムに取り入れるようになったとしている。一方，自助グループの活動にとって大切なことは，「期待されない」活動になることであるという。詳しくは本文を読んでいただきたいが，編者は懸命になりすぎないということが，持続可能な活動を続ける上で重要であるとのメッセージと受け止めた。

第２節はアスペの会・東京のコーディネーターとして，本人会に関わる柏木理江氏に活動開始の経緯，現在の活動，自助グループに対しての提案などを示していただいた。アスペの会・東京の活動はサロンと呼ばれ，レクリエーション中心の「安心して活動できる場所」であることが目指されているとされる。その上で，当事者の運営する当事者グループへの提言として，当事者が抱えこみすぎないこと，自分たちのできることの範囲を示すことなどが提言されている。

第３節は横浜市総合リハビリテーションセンターにおいて，発達障害児のソーシャルスキルスキル指導に携わってきた相模女子大学の日戸由刈氏に学齢期の発達障害児を対象とした計画的グループ（指導効果を高めるために計画的に構成されたグループ）の実践と紹介していただいた。日戸氏は計画グループで学んだスキル，態度を維持，発展する手段として余暇活動支援にも取り組んできている。これらの活動を通じて，学齢期から青年期の当事者が成功体験を積み重ねていくことが，大切であるとされる。家族や支援者の立ち位置として重要なこととして，次第にリーダー役から黒子役に役割を転換していくことを挙げている。グループ運営において当事者イニシアチブ（主導権）をどのように譲り渡すのかを考える好事例と言える。

第４節は東京学芸大学の教員として1998年より発達障害児の土曜教室に支援者として参加し，学齢期から社会人に至るまでの長いサイクルで発達障害児・者と関わり続けている奥住秀之氏に，高校生グループ，大学生・社会人グループの発達障害者支援の取り組みについて紹介していただき，それぞれの世代に必要な当事者，家族への支援についても論じていただいた。そして，社会参加のために必要な力を育てていくことは学齢期以降も必要であることが論じられる。また，日戸氏と同様，当事者の年齢が高くなるにつれ，当事者と支援者の関係性が変容していくことが望ましいとしている。

日戸氏の論考ともつながるが，当事者活動の重要な副産物は長期的な視点で支援について考えることができるようになることだろう。学校教育における支援，就労支援は支援の期間が区切られていること，支援者の人事異動が頻繁であることから，予想以上に長期的展望で支援を考えることが難しいことは，指摘しておかなければならない。

第５節は，星槎教育研究所において「ひきこもり等の若者支援プログラム」に携わる三森睦子氏に，発達障害に気がつかれずに育った若年者たちを対象にしたプログラムを紹介していただいた。ひきこもり状態の若者たちの中に，未診断であるが，発達障害の特徴を持つ当事者が少なからずいることはよく知られている。これらの若者の中には障害の自己認知，受容をしていない者も多く，発達障害支援にはつながりにくい。三森氏の論考は非自己認知・非受容型の当事者に対してどのような当事者グループ活動の可能性があるのかを紹介している。そして，参加者にとって大切なのは，活動が安心できる居場所，安心して経験を積める場所で行われることであると示唆されている。

第６章は支援とは一歩離れた分野から発達障害，あるいは発達障害当事者グループについて研究している研究者から当事者グループ，当事者にとっての集団について論じていただいた。

第１節では，文化人類学の立場から自助グループに参加する当事者の聞き取り調査をしてきた照山絢子氏から，当事者グループの意義と内在する問題について論じていただいた。編者が特に重要だと感じたのは，当事者グループに居場所を見出せなかった参加者の視点からグループに内在する問題について考えるという視点である。それぞれのグループにはできることに限界があるとは言え，運営者が常に意識しておかなければならない問題であろう。一方，参加者が運営側の期待を裏切るようなグループの利用の仕方をしていることが明らかにされ，そこに自助グループを変容させる可能性があるとしている。

第２節では，理論社会学の立場から自閉症について研究を続けてきた竹中均氏から自閉症のある人にとっての「集団」とは何なのかについて論じていただいた。竹中氏はジンメルを参照しながら，自閉症の人にとって社会化とは，すでに「かたまり」として存在する社会に中へ参入していくことではなく，個人間の相互作用により，社会を徐々に作り上げていくことであると述べている。当事者グループへの参加者の中には，他者へのつながりを求めているが，うまく他の参加者と関わっていくことができない者がいる。その当事者はもしかすると，「集団」に入っていくというイメージがつかみにくいのかもしれない。もちろん，無理強いをしないというのも１つの選択肢なのだが，社会化のイメージをミクロなものに変化させることで他者との関わりを作れる可能性があることを論考は示唆している。これも運営側が集団作りのために押さえておく知恵ということになるだろう。

照山氏の論考と竹中氏の論考に共通するのは，当事者集団の中でも浮き上がりやすい当事者に焦点を当てながら，自助グループの集団のあり方に再考を促す内容となっている点である。

以上，あくまで編者の視点から，各執筆者の論考において重要だと思うポイントを抜き出し，本書の大雑把な見取り図を示してきた。とは言え，各執筆者の繊細な実践，思考をどこまで丁寧に読み取れたのかは，一抹の不安がある。賢明な読者が，各論考を丁寧に読み込み，編者が読み取れた以上の知見を得られることを祈念してやまない。

第2章

自助グループの取り組みと課題

［1］NPO法人 発達障害をもつ大人の会（DDAC）について

上野真哉

1．グループ設立からこれまでの経緯

NPO法人 発達障害をもつ大人の会（現NPO法人DDAC）は，ADHD，LD，アスペルガー症候群，PDD（広汎性発達障害）などの発達障害をもつ大人の当事者が，二次障害を克服し，より良い社会生活を行うとともに，その特性を生かし地域社会にも貢献できるよう，当事者支援事業および，一般社会に向けた啓発活動をおこなっている。

今後は私たち発達障害をもつ大人が二次障害を克服してより良い生活ができるよう，またその特性が社会に受け入れられ，必要な援助を得て，自分たちの能力を生かし地域社会に貢献できるよう，積極的に活動をおこなっていきたいと考えている。

● 沿革

当会は2002年10月から，兵庫県芦屋市にて，大人のADHDのセルフヘルプグループとして，「関西ほっとサロン」を月１回のペースで開催していた。そ

の後，主に「関西ほっとサロン」に参加していたメンバーが母体となり，2008年６月に任意団体として，設立された。

その後，NHK教育テレビ『きらっといきる』，2009年10月に共同通信社『死刑でいいです』（池谷孝司（編者））で当会の活動が紹介された。2010年５月に「特定非営利活動法人 発達障害をもつ大人の会」の設立登記を行った後，今までに下記事業を受託している。

- 2010年６月：大阪府重点分野雇用創出基金事業「大阪府社会人ピアワークサポート事業」
- 2011年６月：大阪府重点分野雇用創出基金事業「大阪府社会人ピアワークサポート事業」
- 2012年９月：大阪府重点分野雇用創出基金事業「地域力によるレイブル自立化事業」
- 2013年７月：大阪府重点分野雇用創出基金事業「地域力を活用したレイブル自立化事業」
- 2012年：独立行政法人福祉医療機構社会福祉振興助成金事業「発達障害のピアワークサポートグループ支援事業」
- 2013年：独立行政法人福祉医療機構社会福祉振興助成金事業「発達障害のピアワークサポートネットワーク支援事業」

２．会として取り組んでいること

当会の取り組んでいる主な内容は以下の通りである。

⑴　サロン（ピアサポートミーティング）・運営支援

当会は，代表が主宰しているピアサポートミーティング『関西ほっとサロン』を中心に，『北摂ほっとサロン』，『女性サロンFlowers♪』の運営の支援を行っている。『関西ほっとサロン』は兵庫県芦屋市で概ね月１回程度，『北摂ほっとサロン』『女性サロン』は概ね２ヶ月に１回のペースで開催となっている。

ピアサポートミーティングの内容は，最初は全体で自己紹介を行い，その後は雑談タイムとなっている。

サロンの運営のタスクとしては，会場の確保，告知，参加費の徴収，運営司会，後片付け，終了となっている。

⑵ 講師派遣

発達障害をもつ大人の当事者を講師として派遣している。

- 保護者，教師向け講座「当事者からのメッセージ～子ども時代を語る」
- 支援者，一般向け講座「大人の当事者の現状，必要な支援について」「発達障害をもつ人の就労・ピアワークサポート」

ほとんどの案件については代表が講師として発表しているが，当事者からのメッセージの場合は他の当事者が発表することもある。

⑶ 大阪府重点分野雇用創出基金事業の受託事業

大阪府の補助金を活用して，期限付きで精神障害者，コーディネーターを雇用して事業を行っていた。初年度はピアサポーターの募集を行い，そこから各種勉強会等を通じて，ピアサポーターとして同じ発達障害者の助けになれる人材を養成している。

最近の成果物として，当会と，NPO法人大阪NPOセンターが発達凸凹共同企業体として受託した，『発達凸凹活用マニュアル』，『発達凸凹活用マニュアル２』（写真2-1-1，写真2-1-2）があり，下記サイトからダウンロードできる。

また，本事業を通じて障害者雇用で就労した利用者の実績もある。以上の成果物は下記のサイトからダウンロードできる。

- 発達凸凹サポート共同企業体『ぴあさぽ！Deコンサル』（写真2-1-3）
  http://consul.piasapo.com/

写真2-1-1

写真2-1-2

写真2-1-3

⑷　WAM（独立行政法人福祉医療機構）の受託事業

ここ数年はＷＡＭ（独立行政法人福祉医療機構）の助成金を活用し，ピアサポーター研修のセミナーを毎年全国数カ所で実施しており，2012年度は，名古屋，富山，札幌，大阪で，2013年度は京都，熊本，岡山で実施した。

詳しくは後述するが，2012年度は全国４カ所でピアサポーター研修会の実施，また新たにグループを作るための指針となる「セルフヘルプグループの運営マニュアル」を作成した。また，このような取り組みを通じて，各地のグループが繋がり，ゆるやかなネットワークを作ることを目指している。

また，2013年度はＷＡＭから受託した事業（通称ピアサポ事業）に情報センターの機能を持たせて，全国の当事者グループのネットワーク作りを通して，支援を必要とした当事者に，その時々の状況に応じて支援やリソースを，適切な助言とともに提供できる体制構築をおこなった。また，2012年に引き続き開催するピアサポーター研修会の開催により，当事者を深く理解し，身近で支援ができる人材を，より多様な地域に配置できるようにした。

これらの活動をもとにして，『大人の発達障害生活ガイドブック2012～発達障害とうまくつきあうために』，『大人の発達障害生活ガイドブック2013～セルフヘルプグループをつくろう！』といった小冊子が作成された（写真2-1-4，写

写真2-1-4

写真2-1-5

写真2-1-6

真2-1-5)。

その成果は，独立行政法人福祉医療機構社会福祉振興助成事業発達障害のピアサポートグループ支援事業情報発信サイト，『ぴあさぽ！JAPAN』(http://piasapo-japan.com）でも発信している（写真2-1-6)。

その他の活動については本会のホームページ（http://www.adhd-west.net）を参照していただきたい。

3．関連団体との連携

2012年，2013年のWAMの助成金事業において，地域の当事者会の調査，選定を実施した上でピアサポーター研修会を各地区で開催した。

2012年は名古屋，富山，札幌，大阪で，2013年は愛媛，岡山，京都，熊本で実施している。

2012年度

- 発達障害の当事者ミーティング「こんとん」(札幌)
- 中部大人のADHDの会「シャローム」(名古屋)
- 発達障害ピアサポートの会（富山)

2013年度
- ダンボクラブ（愛媛）
- 「わ」の会（岡山）
- Kyoto Adys Social Club（京都）
- ひのくに発達障害当事者会 あいま（熊本）

その過程で取得した当事者会の情報については下記にて公表している。
当事者会一覧：http://pisasapo-japan.com/pia-groups

４．活動の中で苦労していること

本会は理事長はじめ，役員とボランティアスタッフで成り立っている。事業の受託により，活動の幅が広がり，実施するスピード感は高まってはいるが，その事業自体では雇用される人の収入にはなっても，NPO法人本体の収入にはならないため，NPO法人本体の運営は常に厳しい状況に置かれている。

2013年までにセルフヘルプグループの全国ネットワークの構築が一段落したことから，2014年度は規模を縮小しながらも効率的に活動できるようにしていきたい。

また，本会の実質的な運営資金としては，毎年の会費収入のみとなっており，今後の安定した活動を実施する上で，正会員，準会員の継続的な加入，及び，賛助会員を含めての継続的な加入の呼びかけが必要不可欠である。

５．今後の自助グループ活動を続けていく中で感じている課題

自助活動グループでは，そのリーダーが不足気味である。また，リーダーの能力や参加者の気質により，継続的な会の運営の成功が左右されるという課題が存在する。

当会において，大阪府の受託事業や，WAM の受託事業で「ピアサポーター

研修会」などを主催し，ピアリーダーの養成，能力向上に努めているが，会の運営を発達障害当事者が行うということが基本的に厳しく，実質には小規模での開催，もしくは健常者のボランティアスタッフが補佐している場合もある。

今後は発達障害者に理解・関心のある健常者，企業の支援も求めていく必要がある。

6．おわりに

発達障害当事者のしんどさや苦しみはやはり，一般のカウンセラーではなく，まずは同じ経験を少なからず共有できる発達障害当事者がお互いに話を聞くことにより，当事者がお互いに癒やされ，未来に向けて歩いて行くきっかけとすることが，セルフヘルプグループの存在意義であると当会は考えている。

本会が任意団体として設立された時期に比べて，全国的に見てもいくつかセルフヘルプグループが立ち上がっており，幸いにも安定的に継続されている。その状況をみると，事業実施当初に比べて質的な向上が確実になされたと考える。よって，当事者が自分の発達障害に気がついたけど，なすすべがないという状況は少しずつ解消されているように思う。

今後も各地のセルフヘルプグループを支援していくことにより，発達障害当事者が居場所を安定的に確保できるように努力する所存である。

7．追補

執筆時期が2014年であったため，現在（2018年）では変化がいろいろあった（2018年度は地元関西では，大阪府堺市周辺，兵庫県で２ケ所，京都でも２ケ所新たに自助グループが運営されるようになってきた。また，2014年当時と比べて定期的に安定して，運営されている）ため，現状と文章が合っていないところがありますが，今後セルフヘルプグループを立ち上げる方の参考となるように当時のままの文章とさせていただきました。

ただし，本会は2016年より法人名がNPO法人発達障害をもつ大人の会から，NPO法人DDACに変更となりました。今後とも当会へのご指導，ご鞭撻のほど，よろしくお願い申し上げます。

［2］DX会：成人ディスレクシアの会

藤堂栄子・柴田章弘

1．グループとしてのこれまでの経緯

⑴　エッジ（EDGE）とは

DX会の説明の前に，まずその母体となっているNPOエッジ（EDGE）について紹介したいと思います。エッジは，ディスレクシアの人たちの啓発・支援とネットワークを目的として2001年に設立されたNPO（特定非営利活動法人）で，2017年9月より認定NPOとなりました。

ディスレクシアとは発達障害の中でもLD（学習障害）の中核である読み書きが特異的に困難な状態を言います。正式な統計はまだとられていませんが，欧米では10％から20％いると言われていることから日本でも少なくとも人口の10％はいるだろうと思われます。読み書きのスピード・正確さ・流暢さに

図2-2-1　ＤＸ会のイメージイラスト（シンボル）

問題があり，学習に影響をきたすことから学童期に気づかれることが多いのですが，見た目からもまた行動や社会性の問題も顕著でない場合は，本人も何が問題なのかわからず，周りからも気が付かれないまま成人することも多くあります。読み書きが困難だと小学校から高等教育に至るまで学習全般に影響が出ることはもちろんのこと，生まれつきで一生治ることはありませんので，大人になっても様々な困難さが表れます。例えば，電車の行先を瞬時に読み取れないために来た電車に飛び乗り，思いもしない駅についてしまったり，仕事のメモを取り間違えたりするなど日常の活動に支障が出ることも多いのです。知的に低くないため，うまく自分の興味や得意な分野で活路を見出せば就労することもそれほど困難ではありませんが，自分が他の人とは違うことには気づいても，何が原因なのか，どうしたらよいのかわからず困っている成人のディスレクシアの人はたくさんいるはずです。

⑵　DX会について

成人したディスレクシアの人たちのために２カ月に一回，「DX会」を開催しています。一回も欠かさずにすでに10年を超えました。参加要件は主訴がディスレクシアであること，またはディスレクシアに興味があることです。18歳までは「キッズ＆ティーンズクラブ」（Ｋ＆Ｔクラブ）という子どもを対象にしたグループがありますので，DX会にはおおむね18歳以上の方たちが参加しています。会費は取りませんが，経費が発生するとき，実費を頭割りしています。

DX会のメンバーは落語家，一部上場企業勤務，福祉施設の職員，NPOの事務局員，建築家，営業，大学生と多岐にわたります。ほとんどが仕事を持っていることやほかにも趣味の仲間などがいるため，なかなか平日に活動しにくくなってきているのが難点です。現在はメンバーがそれぞれ持ち回りで企画してリーダーとなり，活動を決めています。植物園に行って説明を受けながら散策をして最後に一番印象に残ったものを披露するとか，福祉施設で陶芸のワークショップをするとか，アナログゲームをしながら発想力を高めるなどをしています。

2．DX会として取り組んでいること

⑴　ロールモデルとして

自分たちが楽しむだけではなく，K＆Tクラブの講師として建築ワークショップを開催したり，企業の商品開発のモニターをしたり，講演会や研修などで当事者本人の気持ちや体験を話す講師としても活動をしています。このような活動を通じて小・中学生の当事者たちだけではなく，保護者の方たちや企業の方たち，支援者の方たちにも大きくなって本来の自分の得意な部分を活かして仕事をすることや，自分の趣味をしっかり持っていることで大人になってからの生活が楽しくなること，どんな分野でどのようにして活躍できるかがイメージしやすくなります。

また当事者たちが声をあげることで，当事者にしかわからない感情の動きや，物事の捉え方などが理解してもらえるようになってきたのも効果として挙げられます。

⑵　これまでの活動

この一週間でうれしかったことの報告や自己紹介，テーマを決めての発想の出し合いなどをしてきました。それぞれ単なる自己紹介や話し合いではなく，DX会ならではのユニークな手法を用いています（詳しい内容については3⑵）。

⑶　就労支援と就労支援員の育成

DX会のメンバーは全員がこれまで学校を変えたり，転職をしたりなど平坦な道を歩いている人はほとんどいません。しかし，DX会に参加するうちに仲間に出会い，自分のことが分かり，社会の仕組みの中でいかに本来の能力を発揮していくかを知り，自分の方向性を模索してきています。そのことにより，学校や職場に自分ができることとできないことをきちんと伝え，支援を求めることや説明をして工夫をすることができるようになってきました。

このような状態になれたのは，福祉医療機構の助成金で２年にわたって行っ

た「ディスレクシア本人による，ディスレクシアの人のための就労マニュアル」を作成するためのワークショップが役に立っているのではないかと思います。

ワークショップの内容は，「自分を知る（１・２）」，「自分を表現する」，「就職活動（１・２）」，「企業のニーズ」，「就職先チェック」，「職場で役立つヒント集」，「DX な達人から学ぼう」，「支援者からの言葉」，「支援機器」，「社会の仕組み（社会保険，確定申告）」などです。

これらのワークショップに参加した６名全員が現在（2011年時点）満足度の高い就労を継続しています。また，その後，就労支援ができる支援員である就労コーディネーターの養成講座を開催した際にも，ワークショップで当事者たちの情報を開示して，もし彼を雇うとしたらというテーマで支援者や企業の方たちで検討してもらいました。

⑷　活動の原点

これらの活動は，イギリスにある ADO（Adult Dyslexia Organisation：成人ディスレクシア組織）に刺激を受けて始めました。DX が活動を始めた当時は学校教育内における困難さについては言及されることはありましたが，大人になっても困難さがあることに気づく人はとても少なかったのです。10年以上続けてきた本活動ですが，あまり大上段に構えずにシンプルなルールで進めてきたのが長続きの秘訣だろうと思います。対象をディスレクシアが主訴の方と限定し，本人らしくあるために，お互いに良い点を見つけあい，できるときにできることをしてきました。

⑸　活動の効果

まずは気兼ねなく自分の素のままで交流できる仲間に巡り合えることや自分だけではないという安心感を得られることが一番だと思います。また，それぞれが工夫して社会で生きていく方法を共有していくことにより，より自分を開示することができるようになっていきます。奇抜な発想でもそれが起爆剤となってとても面白い展開となることもしばしばあります。全員読み書きが不得意な分，何かしら深く興味を持って掘り下げた知識や見識を持っているので，さながら大学院のゼミのような状態になることもしばしばです。初めから世話人をしているエッジの事務局員はこれぞ半学半教の真の学びだと喜んでいます。

これまで映画を作成したり，漫画の題材になったり，テレビの番組が作られたり，講演会や研修会でお話をしたり，日本LD学会でシンポジウムを企画したりする中で一般の方たちの理解も少しは進んだのではないかと思います。

⑹　飲み会の効果

仲間に巡り会えた喜びが一番大きいのではないかと思います。DX会に巡り会う前は，自分はほかの人とどこか違うということには気が付いていますが，それが何なのか，自分と話が合う人とか分かり合える人はこの世にいないのではないかと大げさではなく悲観していた人もいます。孤独感を抱いていた人も多くいます。DX会は指導者とか支援者など上に立つ人がいませんので，誰も「それは常識的ではない」とか「普通の社会人だったらそういう時はこうしろ」などと上から目線で説教をしません。誰かの失敗談は全員がどこかで経験したことのある出来事につながります。何か起きたとき，どのようにその場をしのいだのか，そうならないようにどのような工夫をしているのかを笑いながら共有しています。読み書きや記憶の困難さで起きる数々のエピソードは自分たちだけが理解しあえるものなのです。

例えば連絡ミスが起きたとき「まず素直に謝る」「次に再発防止のためにどのようにしたらいいか，例えばわかりやすい指示を出してもらうなど相手にも相談する」「スマホなどのリマインダー機能や音声メモ機能を活用する」などはとても簡単なことに見えます。しかし，それができずに一人で抱えると嘘をついてしまったり，逆ギレしたり，他人のせいにしたりと良い結果を生まないものです。そこを「自分はもっとひどい間違いをしたことがある」「私も」「君の発想はすごい」などと言い合っている中から，社会の一般通念に傷めつけられた気持ちがホワッと和らぎ，実際に体の芯で固くなっていたものが溶けていくような気分がします。するとより良い対処法を考えることができるようになるのです。実はこの「工夫する力」「問題解決能力」というのは私たちディスレクシアが数々の困難さに直面してやむをえず培う最大の武器だと思います。これを共有できる場があることは心強いものがあるでしょう。

３．これまでの活動について――設立当初から現在まで

⑴　設立当初～活動初期

2005年８月，成人ディスレクシアの当事者を集め，DX会を発足しました。月１回，月２回，３カ月に１回等の意見がありましたが，どれも決定打に欠けました。事務局の力から考え，２カ月に１度，開催することにしました。ブログが開設されると第５回から開催案内を掲載することにしました。初めの３回は会費を取るつもりで案内に掲載しましたが，例会の流れに，夢中になり，主催者が料金請求を忘れていました。あたふたしているうちに，六本木の事務所は無料だったので，会費を取ることをやめました。初回こそ10人を超えましたが，しばらくは５～６人ぐらいの参加者でした。男女比はだいたい７対３ぐらいでした。集まっても，「本の朗読が苦手で，小学校で自分の順番が来るのが恐ろしかった」「議事録をとれないので，録音してテープ起こしをするのに時間がかかります」「黒板の板書を書くのが遅くて，全部書き写せませんでした」「人の名前と顔が覚えられません」等をこぼすだけでした。これはあたかも，「病気自慢会」「不幸自慢会」「苦手自慢会」でした。対策案を話し合って，終わってしまいました。聞いている人々も，初めは同意したり，同情したりしましたが，だんだん疲れてきました。声の大きい人の発言に，その他の参加者は黙って聞くだけの不完全燃焼が続きました。発足２年半は惰性で，「ネガティブ自慢会」を続けていましたが，さすがにマンネリから参加者の士気が落ちてきました。

⑵　活動中期

そこで，知り合いのコミュニケーション専攻の大学講師の男性に参加してもらい，第17回からワークショップを取り入れました。参加者にレポート用紙を１枚ずつ渡し，出された課題に答えていく手法を取りました。課題は「継続していること」「今までやってきたこと」「小さいときに持っていた夢」をペアでお互いに聞き合い，「他己紹介（他人の紹介を第三者が行う）」をしました。こ

れは参加者全員が手を動かし，自主的に活動できたので，たいへん良い評判でした。ところが一つ大きな問題がありました。もともとディスレクシアで文字を書くのが苦手な参加者なので，課題があっても，なかなか書けませんでした。紙とペンを用意しても，ひとことも書けない参加者もいました。

そこで，絵を描いてもかまわないことにしたら，途端に絵を描き始めました。中には今まで紙とにらめっこするだけの参加者の手が一斉に動き出しました。驚いたことに，ほとんどの参加者が絵を完成させました。エッジに子どもたちのクレヨンと画用紙がありましたので，その次のDX会から，それを使うようにしたところ，みんな子どもに戻ったように，クレヨンのお絵描きに夢中になりました。それ以来DX会はお絵描き自己紹介をしてから，ワークショップを進めることにしました。初参加でも自作の絵を見せながら，自己紹介ができます。これで参加者の気分がほぐれる効果がありました。

お絵描きのお題は「自分の好きな食べ物」「初めての場所に行くとき，持っていくもの」「過去１週間で忘れたもの」「怖いもの」「道に迷ったら，どうする？」「一番幸福を感じる瞬間」「オリンピック新種目」「捨てたいもの」「今日100万円を使い切るとしたら何に使う？」など。

お絵描き自己紹介に続いてのワークショップは，参加者を二組のグループ（だいたい５人ぐらい）に分け，テーマを決め，アイデアを出し合います。「あったら良い企業」「理想的なサボり方」，「縄文人ならどんな暮らし方をするか」などをテーマに，お互いにアイデアを出し，ホワイトボードに絵や文字で書き出して，最後にリーダーがグループで描いた絵を基に発表します。その形で，６年ぐらい継続しました。回を重ねると，参加者はだんだん説明がうまくなりました。ディスレクシア当事者の説明がうまくなっていくことが信じられませんでした。発達障害と言っても，ディスレクシアを中心にしていましたので，文字を書くよりも，絵を描く方が楽しかったからに違いありません。

お絵描き自己紹介とワークショップの課題は主催者が仕事の合間に考え，書きとめておくアイデアから出しました。自然，時節，世相，国際関係等，参加しそうなメンバーを想定して，だいたい１回に10個ぐらいの課題を用意していました。ワンパターンながらDX会のやり方の型が決まり，事務局はやりやすくなりましたが，問題が起こりました。お絵描き自己紹介とワークショップも数年すると，だんだん飽きてきました。例会よりも，その後の飲み会からの参加者も増えてきました。開催案内には毎回アイデア募集と書きましたが，なかなか声が出てきませんでした。事務局で企画するのも，アイデアが枯渇し，運営するには限界が出てきました。

(3)　現在の活動

2013年ごろから常連で来ている参加者に企画などをしてもらうことにしました。これまでに「井の頭自然文化園で探索」「中野区の哲学堂公園で自分の好きなものを発見する」「小石川植物園での花見」「多摩動物公園へ動物たちを見学する会」「練馬福祉園で陶芸教室に参加しよう」「発達障害の映画を見る会」「新宿御苑でアナログゲームをやってみよう」などを実施しました。企画者がリーダーになり，参加者を先導したり，解説したり，ワークショップを行ったりします。参加者は企画者の意外な一面を見つけ，驚いたり，感心したり，質問したりします。受け身で，事務局の企画に参加していた人々も，立場が逆になると，取り組み方が変わります。だれでも講師になり，そして自分の良いところをみんなに伝える。教師と生徒の立場を両方味わえる成人ディスレクシアの半学半教の場になりました。

また，最近は「DX会サバイバル」という活動にも取り組んでいます。「DX会サバイバル」とは，第一筆者（藤堂）と，DX会の仲間たちで執筆した書籍『ディスレクシアでも活躍できる』（ぶどう社）の内容を基にしています。成人のディスレクシアの人々が実際に職場で行っている工夫や使用している道具を用いて，参加者同士の意見交換を行うという企画です。毎回，話題提供者を指名して，発表をしてもらいながら進めていきます。発表や意見交換で出てきた内容は，活動の最後にまとめて，当会のブログに掲載します。原則として，隔月ペースで土曜の午後に開催しています。最近は偶数月は通常のDX会（野外活動），奇数月にDX会サバイバルを実施するようになっています。

4．DX会を続けていく中で感じている課題

ある時期から，参加者が例会開催後，飲み会で次回の日程と内容を決め，自主的に会を運営するようになりました。ここで出てきた話題から次回の例会に反映させるので，飲み会は大切です。前向きな意見が出やすいようにしなければなりません。これがなかなか難しい問題です。「全然助けてくれないから，DX会に参加しても意味はない」という書き込みがブログに書かれたこともありました。参加者にアドバイスはしますが，実行するのは本人なので，効果を求められても，すべてかなえられるものではありません。ここで出会う仲間や行事から参加者がそれぞれ，自分自身の生きる方向を探していただきたいものです。DX会のリラックスした雰囲気が気にいった人々が常連参加者になっています。ワイワイガヤガヤ，いろんな意見を出しているうちに，新しいアイデアと夢が自然に浮かんできます。ときどき何気ないひとことに感動します。今後とも「来る者は拒まず，去る者は追わず」の運営方針で進めます。少数であれ，継続して来てくれる参加者がいる限り，細く長く続けていきます。DX会に面倒な上下関係はありませんし，役職も設けていません。連絡係の世話人がいるだけです。この場に集まってくる参加者はそれなりの経験，才能，情熱があり，規則で縛れないからです。課題は「成人ディスレクシアの人々が自分自身をよく知り，才能が一番発揮できる場所を見つけて，自分を活かして，元気になること」です。これが一番望ましい成長過程です。DX会を続けた結果，参加者の何人かはその課題を実現させています。

文献・参考URL

藤堂栄子（編著）DX会（著）（2017）ディスレクシアでも活躍できる――読み書きが困難な人の働き方ガイド――　ぶどう社.

認定NPO法人EDGE　ホームページ　https://www.npo-edge.jp

［3］東京都自閉症協会ASN（アダルト・スペクトラム・ネットワーク）
——「自閉症（ASD）らしく」生きるために

尾崎ミオ

1．グループ設立からこれまでの経緯

(1)「社会化からの逃走」冒険のはじまり

「自立とは，親からも支援者からも，干渉されないこと」。

「あなたにとって，自立とは？」という問いかけに対して，ある当事者が吐き捨てるようにそう言い放った。2005年，旧 日本自閉症協会 東京支部（現在のNPO法人 東京都自閉症協会）でASD当事者によるピアサポート活動をスタートさせるプレイベントとして懇談会を行った時のことだ。

何かにつけて自分の考えを否定され，余計なお節介で望まぬレールを敷いてくる，そんな“支援”によほどウンザリしていたのだろう。その場にいた当事者たちは「わかる。わかる」という感じでうなずいていたけれども，まだASD支援に首をつっこんだばかりの初心者だった私には衝撃だった。

それから思いがけずピアサポートに長くかかわることになり，「親の希望」「支援者の方針」と「本人たちのニーズ」にはミスマッチが起こりやすいということを，活動の中で実感してきた。時に，多数派（健常者）の価値観を押しつける支援は，パターナリズムに陥りやすく，ASDのアイデンティティを混乱させる。ピアサポートの現場では，価値観を押し付けてくる家族や支援者に対する不満が語られることがとても多い。「熱心な無理解者」という言葉に象徴されるように，ほとんどのミスマッチは善意の結果だから，余計に始末が悪いと思う。

そして，多くの熱心な無理解者は，「ASD当事者はコミュニケーションが苦手」「社会的に未熟」と見下し，「失敗をさせないため」「トラブル回避のため」というお節介のもと，イニシアチブを奪おうとする。

実際，自閉症協会の中にピアサポート活動をスタートさせるまでにも，大きな壁が立ちはだかった。今から思えば，「昔はこんな苦労があった……」という，笑い話に過ぎないのだけれども，この機会にふりかえってみたい。

⑵　自閉症協会の中に「本人部会」を立ち上げたいという野望

東京都自閉症協会の歴史は1960年代にさかのぼる。前身は1967年に自閉症の親たちが発足した「自閉症児・者親の会　全国協議会」で，その活動は2017年に50周年を迎えた。

1960年代当時，自閉症に対する社会の理解は低く，学校に通い教育を受ける権利さえ保障されていなかったという。もちろん，当時「アスペルガー症候群」「自閉スペクトラム症」「発達障害」などは社会に認識されておらず，知的障害をともなう自閉症の支援が自閉症協会の大きなミッションだった。困難で孤独な子育てに取り組みながらも，子どもたちの成長を信じ，「この子たちの教育の機会を確保したい」「親なき後の暮らしを守りたい」と運動し続けた親たちの強い願いが，活動の根底にある。

一方，高機能自閉症・アスペルガー部会は，2003年に東京都自閉症協会の部会活動のひとつとしてスタートした。その頃，自閉症協会でアスペルガータイプについての知識はまだ浅く，誤解や偏見も蔓延していた。今でこそ「ASD（自閉症スペクトラム）」という考え方は拡がっているが，アスペルガータイプについて「従来の自閉症とは違う」というアレルギーがあったのかもしれない。「アスペルガー」＝「軽い障害（当時は，軽度発達障害と呼ばれていた！）」＝「支援は必要ない」，「喋れるのだから，言葉がないうちの子たちとは違う」と線引きされることも多々あり，「アスペルガータイプのことは他でやってくれ」という露骨に排他的な空気を感じることもあった。

だが，対話を重ねるうちに，知的障害をともなう自閉症の子どもをもつ役員さんの中にも「話を聴いてみると，うちの子と似ているみたい」「同じ自閉症なのね」と共感を示してくれる人が，だんだんと増えていった。そして，「学校の先生に理解がなく，不登校になった」「問題児として扱われ，周囲の親御さんから孤立してしまう」「パニックがひどく，子育てが大変！」など，ぞくぞく寄せられる相談に，「共に支援の必要性を訴えていこう」という連帯感が生まれた。今では，東京都自閉症協会の役員としても，数名のASD当事者が名を連ねている。

けれども，当時はアスペルガー部会を運営していくだけでもひと苦労だったので，「成人当事者が参加できる本人部会をつくりたい」と提案したところで，簡単に理解が得られるはずなどなかった。

企画段階から「成人ASD本人によるピアサポート」をコンセプトにしていたが，「社会性にハンディキャップがあるASD当事者に，スタッフがつとまるはずがない」「きっと，うまくいかない」「トラブルのもとをつくるだけ」「専門家のバックアップが必須」などなど無理解にみちた懸念の声があがる。しかし，熱心な意見をもらえばもらうほど，立ち上げに貢献してくれた当事者スタッフの間に「親からも支援者からも干渉されない，ピアサポート活動を立ち上げたい」という思いが強まっていった。

(3) 「当事者主体」＝「Nothing About Us Without Us」

今では，「ASDの親にASDタイプが多い」ということは周知の事実であり，ふりかえってみるとその頃の自閉症協会の役員さんたちにも“自覚のない当事者“がたくさんいた。役員会に出ると，まったく目が合わない人，恐ろしく制度にこだわる人，並外れた探究心により専門家はだしの情報をもつ人，自身の知識を延々と語り続ける人などがそろっていて，みなが持論をまげないので，会議の場は常に混沌としていた。

けれども当時は，日本全国の都道府県に支部をもつ最大のASD支援団体だった日本自閉症協会でさえも，当事者（を自覚する）の役員はゼロ。ASDをはじめとする発達障害施策にASD本人たちのリアルな声が反映されることは皆無といってもよい状況だった。

世間では「障害者権利条約」にむけて，当事者たちの運動が高まり「Nothing About Us Without Us」（私たちのことを私たち抜きで決めないで）が合言葉になっていたにもかかわらず，明らかにASD支援は遅れをとっていた。「このままではいけない」という危機感が，当事者スタッフにはあったのだと思う。

障害者運動の歴史から学ぶことは多かった。例えば，「ろう文化宣言」。日本のろう教育は約80年間，音声言語への適応を中心にした「口話法」や「聴覚口話法」で進められ，ろう者にとっては大切な言語でコミュニケーションの手段である「手話」が禁止されてきた。しかし，現在では日本手話をろう者の母語としながら音声言語も学ぶ「バイリンガルろう教育」が主流となっている。

この変遷を支えてきたのが，ろう者の当事者活動だったことはとても興味深い。「ろう者とは，日本手話という，日本語とは異なる言語を話す，言語的少数者である」（1995：木村・市田）という「ろう文化宣言」が，当時の「熱心な無理解者」たちに与えたインパクトは大きかった。

ところが残念なことにASDの支援ではいまだに，80年間のろう教育と同じ，特性を無視した「マジョリティの文化の押し付け」という不幸な歴史が繰り返されている。例えば，ASDの「好きなことに並はずれた集中力をもつ」「周囲に迎合せず，自分のポリシーやルールをまげない」といった特性は，時として「こだわりが強い」という言葉で括られ，「社会適応」を阻害するものとして矯正の対象とされる。

最近では，早期療育という名のもとに凸凹が丸くなりエッジがきかない「中途半端なASD」が量産される嘆かわしい現状がある。この流れを変えていくために，当事者活動は大きな役割を持っているのではないか。

さまざまな摩擦は生じたが，何度も話し合いを重ね，2005年高機能自閉症・アスペルガー部会の中に，成人当事者たちが企画・運営を担う「本人部」が誕生した。運営スタッフは診断済みのASD当事者で，「当事者主体」がコンセプト。「当事者主体」のコンセプトには，「Nothing About Us Without Us」というスタッフの想いがこめられている。

⑷　試行錯誤と組織体制

その後，本人部の中に次々と「ヤングアスペチーム」「親子アスペチーム」などが立ち上がり，試行錯誤的に茶話会・レクリエーション・パーティー・学習会などを企画していく。

以下，残っていた資料より，スタート当時の運営体制&コンセプトをまとめる。

≪組織図≫

2005年当時の組織図を見ると以下のような形になっていた。

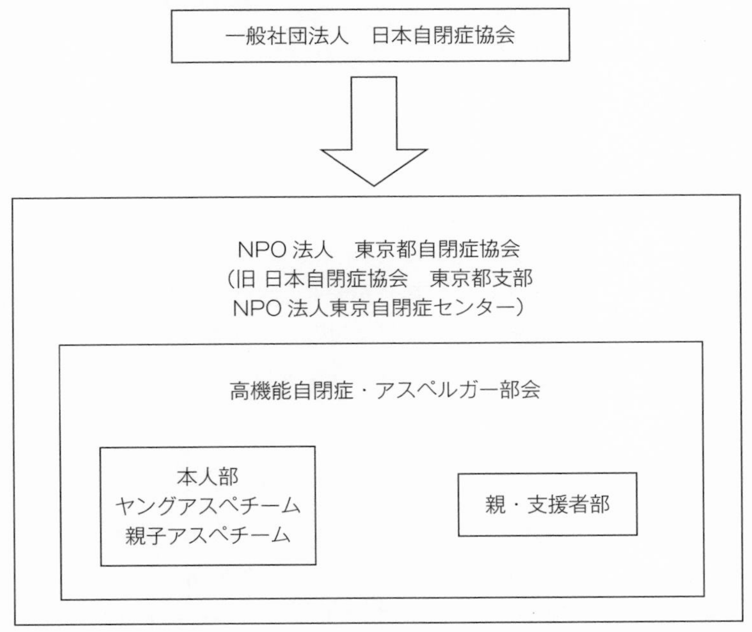

≪位置づけ≫

NPO法人 東京自閉症センターの当事者支援事業の一環として，高機能自閉症・アスペルガー部会に置く。

≪本人部の運営について≫

高機能自閉症・アスペルガー部会　運営委員（当時は10名前後）の中の当事者スタッフ５名で協議。運営方針・規約などを決定する。

≪参加者について≫

参加の条件は以下のとおり。

- 医師の診断などは必要としない，オープンな会とする。

- 本人の希望がある場合のみ，参加を許可する。（マイナスの体験になることを防ぐため，親が強制的に参加させることは不可とする）
- 年齢は高校生以上を目安とする。
- 会の規約やルール（図2–3–1）を定め，守れない人は退室してもらう。

≪内容について≫
活動の方針は以下のとおり。
- （成人）当事者が他の当事者と出会い，思いや生きづらさを共有できる場の提供
- ピアサポートグループ（本人部会）運営ができるようなコアメンバーの養成
- いずれ，学童期のアスペ児童の本人支援も視野に入れる
- 発達障害者支援のための啓発につながるような資料作成

(5) ASN（アダルト・スペクトラム・ネットワーク）へ

その後，本人部のヤングアスペチームは，運営スタッフの高齢化にともない「ASN（アダルト・スペクトラム・ネットワーク）」に名称変更を行う。そして，現在，東京都自閉症協会の成人当事者によるピアサポート活動は，ASNに一本化され，すでに15年以上，継続した活動を行っている。

その間，当事者スタッフは何度か入れ替わり，運営の体制も変化してきた。スタート時は「当事者」と「親」の間に「当事者＝障害者／親＝健常者」という（誤解に基づく）壁があり，当事者スタッフには「親スタッフの干渉を受けない，当事者による運営を貫きたい」という強いこだわりがあった。けれども，活動を続けるうちに，親スタッフも発達特性が強いため，そこに壁をつくるのはナンセンスだということに気づく。

試行錯誤の結果，企画・運営を当事者スタッフが担い，メールの返信など煩雑な事務作業を，対人交渉を得意とする自称“健常者”の親スタッフがサポートするという体制が確立された。

ASN茶話会のルール

本日は，NPO法人東京都自閉症協会高機能・アスペルガー部会アダルトスペクトラムネットワーク（ASN）の茶話会に参加くださってありがとうございます。

ASN は，発達障害を持つ人の悩みや気持ちの分かち合いと情報交換のために茶話会を開催しています。

茶話会がみんなが安心して参加できる場となるように以下のルールを守ってください。

- 茶話会では，ご自身の本名でも，ニックネームでも，ここで呼ばれたい好きな名前を名乗ってください。
- 他の参加者への批判，説教はしないでください。
- 茶話会の時間は限られています。話をする人が偏らないよう参加者で時間をわけあいましょう。
- 他の参加者を尊重し，他の参加者の話に真剣に耳を傾けましょう。
- 話したくなかったら話さないで聞いているだけで構いません。
- 茶話会ではいかなる暴力も認めません。暴力には言葉や態度の暴力も含まれます。暴力が認められた場合には，ただちにこの場を離れてもらいます。
- 茶話会で聞いた他の参加者の話を外に持ち出さないでください。ここで聞いたことは，自分のために利用する以外は，ここにおいて帰ってください。
- 病院，処方薬，行政サービスなどの情報は，話した人の個人的な経験に基づいたものですから，利用するかどうかはご自身で判断してください。
- 茶話会では，原則として，参加者の間で住所や電話番号などは交換しません。個人情報の交換や茶話会外で個別に会う場合は，各自の判断でお願いします。
- 茶話会の途中で気分が落ち着かなくなったら，ファシリテーターにそのことを知らせてください。

※この紙は茶話会終了時に回収します。

図2-3-1　ASN茶話会のルール

2．グループとして取り組んでいること

⑴　野心的なレクリエーションへのチャレンジ！

これまでASN（本人部）では，数多くの野心的な企画が生まれては，消えている。とくに立ち上げ当初は，茶話会だけでなくレクリエーションに力を入れていた。親子アスペチーム＆ヤングアスペチーム合同でピクニックを行ってみたところ，「だるまさんが転んだ」「ハンカチ落とし」などの昔遊びが，意外なほど盛り上がり，「これまでの人生でいちばん楽しかった！」「子どもの頃にやりたかったことが，やり直せた」など感動的な感想が多く寄せられたからだ。

参加者の話から，ASD当事者たちの中には，子ども時代「友だちと遊ぶことに興味がもてなかった」「仲間に入りたくても入れなかった」「煩雑なルールがわからなかった」などの理由から，友だちと一緒に遊ぶ経験に乏しい人が少なくないことがわかった。

そこで，「ふだん，やれないこと」「やる機会がなかったこと」「やらせてもらえなかったこと」に取り組んでみよう……という提案が，（到底レクリエーション企画にむいているように見えない）当事者スタッフからなされた。

例えば，バーベキュー大会。当時のチラシのリード文からも推察できるように，企画段階から波乱万丈が予測されるイベントとなった。

> 「アスペとバーベキュー」……，この一見ミスマッチな組合わせにトライしてみようという，ヤングアスペチームの野心的な取り組みです。果たして，無事，焼きそばは完成するのか？　涙あり，笑いアリの，大冒険スペクタクルになること間違いなし！

冒険の結果，焼きそばらしき料理は完成したが，２度と同様の提案がなされることはなく，レクリエーションはいつのまにか衰退した。

(2)　茶話会＆懇談会「宇宙人（仲間）の存在を知る」

本人たちにしかわからない悩みや「あるある話」をシェアしあったり，医療機関や支援機関等の情報交換を行ったり，茶話会の重要性はいうまでもない。けれども茶話会の何よりの目的は，「仲間の存在を知ること」にある。

最初，茶話会に訪れる人たちの多くは，日常的に自分と同じタイプのマイノリティと接していなかった。茶話会の醍醐味は，「地球に住む宇宙人は自分だけと思っていたけど，そうじゃなかった！」「宇宙人の仲間は，いたんだー」という安心感をもって帰ってもらえることにあると思う。残念ながら現在の地球，特に日本，特に東京は，騒音や雑音その他の情報にあふれ，決して ASD 当事者の住みやすい環境とは言えないからだ。「どこかで仲間もがんばっている」という安心感は，そんな東京で孤独なサバイバルを続けるためのエネルギーとなる。また，定期的な活動を継続していくことで，「つらくなったら，ここに帰ってくればいい」という砂漠のオアシスの役割も果たす。

さらにいえば，茶話会で話される内容には，「当事者のニーズにマッチした支援」を検討していくための，たくさんのヒントが隠されている。

①　「社会性」「コミュニケーション」「想像力」といった主観的な概念の背景にある，発達障害の生物学的な特性（認知・感覚・自律神経系など）が言語化・表現される。
②　①により，多方面の専門家の力も借りながら発達障害の特性を分析・把握していくことができる。
③　本人たちが日常生活の中で実践している凸をのばし凹をサポートするセルフサポートの方法がシェアされる。
④　③を発信することにより，支援の方向性を変えていくことができる。

上記のとおり，茶話会で語られる情報は今後の ASD支援を検討していく上で，宝の山であるといっても過言ではないだろう。

(3) ビアパーティー＆忘年会

高機能自閉症・アスペルガー部会の名物となっていたのが，年に２回開催されてきた「夏のビアパーティー」と「冬の忘年会」だ（2018年で休止）。18歳以上であれば，ASD当事者はもちろん，親・専門家（支援者）誰でも参加が可能。会場を貸切り，フリードリンク＆フリーフードの立食スタイルで行われてきた。多い時には50〜60名を超す参加があり，そのうち毎回７〜８割が当事者だった。

立ち上げ当時は，30名を超える当事者が一堂に会する機会は珍しかったため，専門家からも「アスペは集団でのコミュニケーションが苦手だと思いこんでいたのに……」「パーティーで談笑している姿が意外……」など驚きの声があがっていた。

▼【パーティー７つの特徴】

- ASDにとっては苦手分野であるはずのパーティーだが，なぜか人気
- 聴覚過敏には厳しい環境だが，毎回，ヘッドフォンで参加する人もいる
- 長年にわたり，毎回パーティーに参加し，近況報告して帰る人もいる
- ひたすら食べる人，ほとんど誰とも話さないで帰る人もいる
- 最初は親子連れで参加し，今は本人だけ参加となったケースもある
- まざってしまうと誰が当事者で，誰が親で，誰が支援者なのか，わからない
- パーティー参加を機に「私も当事者でした」と自覚した支援者も少なくない

10年以上も続いた活動なので，当時20代だった参加者も30代，40代と年を重ねている。みなが近況を報告し合う時間を設けるのが恒例となっており，「ひきこもりから脱出した」「仕事を辞めて障害者雇用で転職した」「資格をとって転職した」「アルバイト＋生活保護で落ち着いた」「両親との確執を抜け，グループホームに転居した」「長い冬を経て，彼女ができ結婚した」などなど，それぞれの人生が透けて見える。なかなか仕事が安定しなかったり，家族との関係が悪かったり，若い頃は次から次へと課題が襲ってきて，激動の人生を送る人も少なくない。けれども，「40にして惑わず」の言葉どおり40代以降にな

ると落ちついていく人が目立ち，その笑顔の穏やかさにホッとすることが多い。

特に，「鉄道が好きで長期休暇は必ず鉄道の旅に出る」「絵を描くのが得意なので，公募展にチャレンジし続けている」など，自分の人生を豊かにする趣味を持っている人が強いと感じる。マジョリティ社会にうまくコミットしつつ，オン・オフを使いわけ，「ASD らしい」自分のライフスタイルを確立することの大切さを，愛すべきサバイバーたちの生きざまから学んだ。

３．関連団体との連携

――くっついたり，離れたり，いがみあったり……それも自由？

ピアサポートグループの運営には悩みが多い。頓挫した企画ではあるが，以前，ASN を「クリアリングハウス（さまざまな課題を抱えるピアサポートグループの活動を応援する機関）」として進化させていこうという構想があった。

2006年ASNスタート時には，２～３しか存在していなかったピアサポートグループだが，たけのこのように増え続け，アメーバーのように消滅・分裂も繰り返している。関係者みなにダメージを負わせる派手なトラブルや，耳をふさぎたくなるようなダイナミックな醜聞も聞こえてきており，「○○とはつきあうな」とか「○○が××の悪評を流している」というタレこみも多い。放置しておくことで，「だから ASD のピアサポートは……」というネガティブな評価につながるのではないかと心配になった。そんななかクリアリングハウスをつくることで，グループ運営のノウハウ構築，ピアサポーターの養成などが共有できるのではないかと考えたのだ。

準備企画として，関東近隣でピアサポートを行うグループに呼びかけ，何度かネットワーク会議を開催した。会議では，それぞれのグループの活動内容や特徴を知ることができ，それなりに有意義だったと思う。けれども，会を重ねるうちに「お行儀のよいクリアリングハウス構想は，発達系ピアサポートにそぐわないかもしれない……」「それこそ，余計なお世話では？」と感じるようになった。それぞれのグループの「管理されない」野生の自由さが，魅力だと思えたからだ。「ダメに思えるグループ」「困ったグループ」「トラブルの温床となっているグループ」も含めて，カオス状態で乱立しては消えていく“東京スタイル”を，しばらくはあるがままに見守る気持ちに至った。

その後は，ゆるやかなネットワークづくりとして，年に１度に東京都自閉症協会から関連団体に呼びかけ「懇談会」を実施してきた。当事者のピアサポートグループのみならず，親の会や支援団体にも声をかけ，毎年20～30 の団体から代表者が参加。各団体の活動報告や，発達障害施策に関する情報共有，意見交換などを行っている。

４．自助グループ活動を続けていく中で感じている今後の課題

ニーズが高く，重要な役割があるピアサポート活動ではあるが，もちろん課題も少なくない。

⑴　心が凹む，困難なケースへの対応

オープンで運営されるピアサポートの会には，暴力，暴言，ネットでの中傷，ストーカー被害などさまざまなトラブルのリスクがある。また，パーソナリティ障害などが背景にあり，トラブルメーカーとなりやすいタイプの参加者を拒むことも難しい。特に，医師や専門家のスーパーバイズを受けられない場合は，トラブルを回避することが困難で，しばしば会の存続にかかわるような大きな問題に発展することもある。

実際，ASN でも，ネットでのしつこい中傷を続ける人や，自殺騒動を繰り返す人などの対応に苦慮してきた。基本的には「できるだけ排除しないこと」をポリシーにしているが，対人トラブルを頻繁に起こす人について，他の参加者を守るため，苦渋の判断で参加をお断りしたこともあった。

対人トラブルを頻繁に起こす人ほど，サポートグループを渡り歩く傾向があるため，ピアサポートグループ同士のネットワーク，情報共有が必要だ。さらには，困難タイプ対応ケースの蓄積のシェア，支援機関との連携など，いざという時に備えたリスク管理も重要だと思う。

⑵　ASDピアサポートの構築＆ピアサポーターの養成

ピアサポートの現場で，厳密に「ADHD」「LD」「ASD」を分別することは困難であり，ほとんどの会がミクスチャーの文化をもっている。しかし，「発達障害」という大きな括りで運営すると，どうしても，対人交渉に関心が高いADHDタイプが中心となることが多く，参加者が限定されてしまいやすい。現実的に多くのピアサポート活動は，ADHDの文化が色濃いと感じる。特に対人交渉に関心が低かったり，苦手意識をもっているASDタイプは，ピアサポートからも外れやすいという課題がある。ASDピアサポートを担えるスタッフの養成や，ノウハウの構築が必要だ。

⑶　安定した継続運営の困難さ

ピアサポートグループの立ち上げに高く貢献するADHDタイプの当事者は「熱しやすく冷めやすい」特性をもつことが多く，運営に対してモチベーションを保ちづらい。また，ASDタイプはチームプレーに苦手意識をもつ人が多く，組織化しづらい。さらに，発達障害当事者は認知の特性がそれぞれ異なるため，情報共有が難しく，ちょっとしたことで誤解が生じ分裂しやすい。その他にも，多くはその特性に起因する理由により，安定した状態で継続的にピアサポートグループを運営していくのは，非常に難しい。

⑷　「居場所」からの脱却

当事者の多くは，日常的に，違う文化をもつ異国で暮らすようなストレスの中で暮らしている。そんな彼らには，「何かあっても，ここに帰ってくれば，ホッとできる」と思えるオアシスが必要だ。ピアサポートグループはエネルギーを補給する給油所や，苛酷な社会から逃れるシェルターにもなりえる。けれども，その居心地のよさになじみ過ぎて，しばしば通常の社会活動をリタイアし「プロ・当事者」として生きる人がいる。もちろんそれも選択肢のひとつかもしれないが，滞る人口が増えることで，流れがせき止められドロドロの沼地化したピアサポートグループも見受けられる。ピアサポートグループには，社会と当事者をつなぐ「橋」がもうけられていることが大切で，決して流れをせきとめない，広い海へと続く「川」であることも意識したい。

5．未来のピアサポートを考える
――ASDらしく生きるために～「みつけばルーム」の実践から

最後に，先駆的な取り組みのひとつとして，東京都自閉症協会が世田谷区から受託し実施している「みつけばルーム」を紹介したい。「みつけばルーム」もピアサポートをコンセプトにしており，ASNの実践がなければ，なりたたなかった事業だからだ。実際に「みつけばルーム」のスタッフのほとんどが，ASNのスタッフでもある。心理職で当事者というスタッフもおり，ASDのあくなき探究心を存分に発揮できる「リュケイオンの散歩道」，宇宙人（仲間）とのコミュニケーションを仮想的に体験する「宇宙人類学入門」，「結ぶこと」にひたすらこだわった「ロープワーク・むすびば」，車のヘッドランプなどを磨く「みがきば」など，ASDならではの感性・発想から生まれたワークショップを企画。発達に凸凹がありマジョリティ文化の中では生きづらさを感じている10代～20代の若者を対象に，ASDの特性をポジティブに表現していける場をつくっている。

「みつけばルーム」のもうひとつの特徴として，あえて「単なる居心地のいい居場所」にしないため，多彩なスペシャリスト&プロフェッショナルを外部講師として招いていることがあげられる。発達凸凹の若者たちが大人になっていくためには，特性をもちながらも自分なりに社会にコミットしている「モデル」が不可欠だ。しかしマジョリティの文化圏の中では，なかなかそのモデルとめぐりあう機会が少ない。特にASDの場合，対人交渉を「生きる術」として文化の中心におく，マジョリティのライフスタイルは，ほとんどの場合，参考にならない。ASDの強みをいかすためには，対人交渉や集団適応よりも，もっと重要なスキルがあるからだ。

多くのスペシャリストと呼ばれる人たちは，対人交渉よりも「自分の知識や感性」を重要視しており，ASDと親和性が高い。自分の知識や感性をいかして仕事をする術やその厳しさ，さまざまな仕事やライフスタイルの選択肢を教えてくれるモデルとなりうる。あらゆる変人，奇人，異人，そしてマイノリティは，広い意味での「ピア」ではないかと「みつけばルーム」では考えている。ニンゲン社会への「橋」をかけるためにも，内輪だけの活動にとどまらず，いかに多くの「スペクトラムな」人たちを巻き込み，グローバルに展開していくのかが，ピアサポート活動を存続させていく鍵になる。

文献

木村晴美・市田泰弘（1996）．ろう文化宣言――言語的少数者としてのろう者――
現代思想，24(7)，8-17.

第3章

〈座談会〉自助グループに参加する側の声を聞く

座談会参加者：くま，りょう子，Route ST，杉坂現象，ゆっぱー，こにたん，キュー助，ニョリ，
司　　　　会：高森　明（こうもり）

■参加者プロフィール（名前はハンドルネームまたは仮名。文中は敬称略）

●高森　明（こうもり）：40代前半男性。ASD当事者。20代半ばで診断されたのを機に当事者グループの立ち上げ，ケアサポートグループの運営手伝いに複数関わるようになった。近年は当事者グループが増えたために後方に退いているが，1つだけ自助グループを運営している。

●くま：40代後半男性。ASD当事者。30代半ばに診断された。医療機関のカウンセリングルームで開かれていたワークショップに参加したのを皮切りに，支援団体の当事者会，自助グループに常連として参加するようになった。

●りょう子：30代後半女性。現在の診断は自閉スペクトラム症。中学3年の頃に入院を経験し，学習障害と診断された。大学生の頃にあったネット上の学習障害のフォーラムで当事者会の呼びかけ，立ち上げを行った。今も，小さな自助グループに参加している。

●**Route ST**：40代後半男性。現在の診断はアスペルガー症候群＋ADHD。就職して２年目に職場不適応を起こし，学習障害と診断された。最初は支援団体の当事者活動から参加したが，違和感を覚え，当事者が運営する自助グループに参加するようになり現在に至る。

●**杉坂現象**：40代前半男性。診断はADHD。職場不適応を起こしていた20代後半に，書籍でADHDのことを知り，医療機関で診断を受けた。上司からの紹介で自助グループに参加し，現在までにいくつかの自助グループに参加している。

●**ゆっぱー**：50代後半女性。診断はADHD。30代後半に電車の中吊り広告で発達障害のことを知り，医療機関で診断された。ネット上で友人の当事者からオフ会に誘われ，自助グループに参加するようになった。今は当事者グループを離れている。

●**こにたん**：40代前半男性。現在の診断はASD＋ADHD。職場に定着できない状態が続き，20代半ばにアスペルガー症候群と診断された。支援団体のサロン，大学の発達障害研究会，支援団体の当事者会に参加した後，当事者が運営する自助グループにも参加するようになった。

●**キュー助**：50代前半男性。診断はASD。学校，職場でいじめを経験した。報道でアスペルガー症候群のことを知り，30代後半に診断を受けた。当事者掲示板を通じてオフ会に参加するようになり，支援団体の当事者会，自助グループに参加するようになった。

●**ニョリ**：40代前半女性。20代半ばにLDと診断される。診断後，ネット上で地域の当事者会の呼びかけを行い，自助グループの発起人の一人となる。地元のLD親の会にも当事者のコメンテーターとして参加することもあった。

■自助グループに参加したことで得られたもの

高森　今回は，自助グループに参加されているみなさんのリアルな声をお聞きしたいと考えています。最初に伺うのは，当事者グループの会があってよかった，参加してよかったことについてです。

まずは私の経験から。私が2000年に当事者グループを作った当時は，自分が診断を受けたものの大人の当事者の知り合いが全くいない状況で，当事者の仲間，特に中途診断で似たような境遇の仲間と出会う場，自分の居場所を得ることができました。

そしてもう一つ，会に関わったおかげで，大人の当事者が，20代，30代，40代と年を重ねるにつれてどんな課題に直面するのかを早い段階で見通せるようになったこともよかったと感じています。みなさんはいかがですか。

くま　素の自分をある程度出せる，安心できる場をもてたことです。当事者同士の付き合いの中で人間関係を構築でき，自分が安心できると感じられる場所がもてたのはよかったと思います。

りょう子　仲間や居場所ができたのがよかったです。地域だけでは孤立しがちなところもあるので，仲間に会えるのはうれしく感じます。

Route ST　私も仲間に出会えたことですね。メンタル系のグループに参加していたときは違和感がありましたが，発達障害当事者のグループでは自分と全く同じではないけれど似たような境遇の方たちに会えてよかった，素の自分で話せる場所ができてよかったと感じました。職場ではなかなか素の自分というわけにはいかないので。

杉坂現象　精神疾患の方が参加する居場所は地元にもあったのですが，自分には合いませんでした。地元の狭い枠組みの中では，限られたことしかできないため，葛藤も感じていたのです。しかし，発達障害の当事者のグループに参加したことで，地域の枠を越えて，変わっていることを変わっていていいんだと見てくれる人と出会えたのはよかったと思います。

ゆっぱー　私は当事者グループや当事者の知人に出会うまで，「いまの自分しかこういう失敗はしないだろうな」と思っていたんです。でも当事者の方と出会って，当事者にとっては“あるある話”なのだとわかり，「あぁ，こういうのって自分だけじゃないんだ」とすごく安心しました。

最近，「何か忘れた」とか「何か落とした」という話を，当事者がつながっているFacebookに投稿したりするんですけど，「私も」と言ってくれる方が周りにもいてくれて。そういうときも参加してよかったなと感じます。

こにたん 孤独が解消されたことです。アスペルガー症候群の診断をされてしばらくは，周りにアスペルガーの方がおらず，孤独感がありましたが，当事者グループに参加するようになって少しずつ解消できました。

最初は年４回ぐらいしか集まりはなく，家に帰るとまた孤独を感じる日々でしたが，発達障害の人と語る会が月１回開催されることになってからはどんどん仲間が増え，会でいろんな方と交わるうちに，孤独が少しずつなくなりました。その後，集まりが行われていた地域に引っ越すことになり，さらに自分は一人じゃないんだという意識が強くなりました。

キュー助 自分の世界が広がったことがよかったです。いままでは職場や学校に行っても他の人との付き合いがなかったのですが，当事者の会に行き始めてからは少しずつ自分の世界が広がっていったような気がします。

ニョリ みなさんが話されているように，当事者の会に関わった当初は，同じ仲間ができたという喜びが大きかったです。世界が広がりましたし，メリットも感じて，楽しいなと思えました。

もう一つ，当事者の会に出て友達などが増え，「私は障害があっても，普通の人でも誰とでも友達になれる性格だ」という本来の自分を再認識できたことで，自分らしさを取り戻せたのもすごくいいことだったと思います。

杉坂現象 先ほど話した「変わっていることを変わっていていいんだと見てくれる人と出会えた」ことに加えて，生活の情報が手に入ったのもよかったです。例えば，精神障害者手帳の取得，福祉の利用の仕方など，仲間を通して生活の情報を教えあっています。

こにたん たしかに，普通の人はそういった情報は知らない方が多いですよね。でも当事者の居場所に行くと詳しい方がいて，「こういうときはこうすればいいんだ」と情報提供してもらえます。

ニョリ　私の知り合いで当事者の会に参加していない方がいますが，本当にわからないことが多いようです。「役所に行って○○したら」「手帳の取り方はこうだよ」と話したら，「よく知っているね，ありがとう」と感謝されました。

■参加者だからこそ感じる，当事者グループの課題

高森　次に，参加者だからこそ感じる課題についてはいかがでしょうか。

くま　よかった点で「顔を合わせて生の情報交換ができる」というのがありましたが，その反面，生の人間と人間のやり取りの難しさも感じています。

同じ発達障害と言っても，情報の処理や認知の仕方など，個々に特性の違いがあるため，問題をどう解決するか考える場合にもさまざまなやり方が出てくる。言いたいことだけを言ってまとまらないこともありますし，解決策が出てこないで特定の人ばかりがしゃべってそれで終わり，なんてことも往々にしてあります。このようにまとまらない，解決策が出てこないのは課題の一つかなと思います。

りょう子　自戒も含めてですが，馴れ合いから，なぁなぁの雰囲気になってしまうこと。あまりいい方向にいってないんだけど，それも仕方がないんじゃない，いいんじゃないという雰囲気を感じることがあると，ときどきちょっとリセットするのがいいのかなと思ったりもします。

高森　確かに，行き場ができるのはいいことですが，グループ内に課題ができたときに自浄能力が発揮できるかなと感じることはありますね。

Route ST　私は，ケアグループの支援者がちょっと上から目線なのを感じたときつらさを感じました。

また，自分は運営していないのにあんまりとやかく言うのはどうかな，とも感じています。自分に合わなければ，あれこれ意見するのではなく行かなきゃいいのかなとか，ボランティアで運営しているのだから運営者側にそこまで要求してはいけないのかなとか。多くを求めてはいけないのではないか，という気持ちを持つことがありますね。

杉坂現象　当事者の内輪受けになってしまうというのが課題と感じています。

何か話題があったとき，「これは発達障害だからしょうがないよね」みたいな処理をして，発達障害を理由に問題から逃げてしまうのは，結局本題から逃げてしまうことなのではないか。内輪，内輪にいると外に出て行けなくなっちゃうのではないかという危惧を感じます。

ゆっぱー　当事者の特性は多様なので，そこから問題が起きたり，摩擦が起きたりするのを何度か見てきました。そんなときに，もうちょっと公平な目で見られる人がいるといいと感じることがあります。当事者グループの，当事者だけでやっているからできないこともたぶんあると思うので，そのあたりを改善してほしいと思います。

こにたん　改善してほしいのは，人間関係があまり建設的にできないことです。馴れ合いが強くて，大人としての節度ある付き合いができない人が結構いたりして，それに巻き込まれるケースもあります。

そういった人間関係のトラブルがあると，安心して当事者の会に参加できない人も出てきてしまうので，安全，安心が当事者会には必要だと，身をもって感じています。

高森　先ほどのよかった点でみなさんが語られていたように，安心できる居場所を多くの人が期待していると思います。でも，人間関係の枠組みがしっかりしてないために，当事者グループに参加しても安心できずに離れていってしまう人もかなりいるということですよね。確かに，私自身も安心，安全という点での不安定さは感じることがあります。

こにたん　逆転現象が起きているのでしょうか。安心できる場をみんなが求めてやってきたはずなのに，いつの間にかそうでなくなってきているような。

杉坂現象　安心，安全は口がすっぱくなるほど言われている言葉ですが，われわれ当事者の会にこそいちばん大事なものなのではないかと思います。

キュー助　安全・安心が保たれていないという話は，当事者グループに参加したり，いろんな人から聞いたりします。「当事者グループは出会いの場ではありません」と断っていても，参加者の中には残念ながら男女の出会いを期待してしまう人もいました。

「当事者グループって大丈夫なんでしょうか」と，私も初めてオフ会に参加したときちょっと怖かったです。いじめられてきたこともあり，正直怖さを感じたこともありました。

ニョリ　いま話題になっているグループの安全ですが，当事者だけで運営したいとこだわるグル－プほど意外とよくもめていると感じます。いつも健常者の方を入れてというのではなく，相談できる人やプロフェッショナルな方に賛助会員になってもらうとか，何か問題が生じたときにサポートしてくれる方とつながるのも大事ではないでしょうか。

当事者だけで解決しようという気持ちをもつことも必要で，とても大切だと思います。しかし，周りに協力者をつくる，アドバイスをもらえる関係性を築くのも，当事者として生きていくうえでの処世術になると感じています。「当事者だけ」とかたくなにこだわるよりも，多様な選択肢をもつほうがいいと感じています。

そして，もう一つ私が改善してほしいのは，ゆっぱーさんの話とも重なりますが，当事者間の関係性です。そもそも発達には凸凹があります。でも，当事者の中には優劣をつけたがる方もたまにいて，そういう方にできない点を指摘されて傷つき，会に来られなくなった方も結構います。

優れていることは素晴らしいし，私も認めたいと思います。でも，できる人からできないことを指摘されたのに傷ついて会に参加できなくなり，必要な情報も得られないとか，孤立したとかいうのは，とても寂しいことです。自分にもみんなにも苦手なことはある，と意識して参加する方がいいのではないかと思います。

高森　外部の視点が欠けると，杉坂さんがお話しされたように内輪受けになったり，ゆっぱーさんがいう公平な目で見られる人がいなかったりする状態になり，課題が生じるわけですね。

■今後の当事者グループに期待したいこと

高森　最後に，当事者グループに期待したいことを伺いたいと思います。

くま　建設的に問題解決ができる，問題解決に取り組めるようなあり方ですね。

個々人が抱える問題には共通項があると思います。それを参加者で共有し，みんなの問題として考え，解決策を模索できるようなグループのあり方が望ましいのではないかなと思います。

Route ST　私が期待するのは「運」です。当事者グループはそれぞれカラーがあるから，自分に合うグループと出会える運があればいいと思うし，いろいろな人を受け入れられるいい運営者が出てくる運，支援者が出てくる運などがあればいいなと思います。

りょう子　当事者グループが永年存続していくことを願っています。青年期，老後の生活など，発達障害者がどのように発達課題をクリアしていくのか，どういうふうに年をとっていくのかに不安を感じているからです。

こにたん　親はどうするのか，相続の問題，介護問題など，これからいろいろ出てきますよね。

ゆっぱー　そうですね。私たちの世代は介護問題とか，例えば発達障害と認知症との区別をどうやってつけるんだろうかとか，高齢化に伴った課題に直面することが増えていきます。そう考えると，世代ごとのグループをつくる必要性も感じますし，世代を横断していろんな世代の人が共有しあうグループも必要と感じます。また，高校生や中学生などの当事者が大人になって，新しいグループが広がっていくのも期待したいです。いろんなグループがあり，その中から自分に合ったグループを選択できるようになるといいですね。

高森　いろいろな世代のグループができることと，世代に絡んで情報共有ができることも必要ですよね。例えば，20代や30代の人と，4，50代の人とはまた違った問題が生じてくるかもしれない。その辺を共有できるようになるといいと思います。

杉坂現象　当事者会をベースにステップアップをどんどんやっていけたらという気持ちがあります。パソコンの勉強会やフリーマーケットなど，集まった人をコアにしていろいろな活動ができるようになればいい。

高森　団体活動から派生して，サークル活動していくようなイメージですね。コアになる出会い，当事者たちの居場所を起点にして多様な人が集まっていろんなものを作っていくみたいな。

こにたん　杉坂さんが話されていたことと重なりますが，大きな枠があって，その中に例えば趣味に特化したような細分化されたサークルをおくのはいいと思いました。

一例ですが，ハンダ付けが得意な人が集まってサークル活動をして作品を作る。その作品をイベントに出展する。イベントの来場者に企業の方がいて，その作品を見て「うちで働きませんか」というオファーが来る……そんな就労と結びつくようなチャンスを得る可能性もゼロではないわけです。そう考えると，グループを枝葉ごとに分けるようにして細分化したコミュニティを作るのも，これからの当事者会にあってもいいと思います。

もう一つ，センシティブな話や個人情報が絡むので会で行うには難しい部分があるかもしれませんが，人生についての相談など深い話ができる場があるといいと思います。これはこれまで当事者会に参加していて足りないと感じていたことでもあるんです。

いまのところなかなか愚痴を言える相手がいなくて。愚痴が言えずにどんどん溜め込めばそれがストレスになり，場合によっては自殺に追い込まれる方も出てしまうかもしれません。そんな不幸を起こさないためには，愚痴や毒をちょっと吐くだけでもかなり楽になるのかなと。しかし，愚痴が言えて人生相談的なことができる場所があまりないのが実情で，そういう場所がこれから求められるのではないかと思います。周りに心を開ける仲間がいないために孤立して，当事者のグループにそういうニーズを求めている方もいらっしゃると思うので，それに応えるのも会の責務ではないかと考えています。

高森　たしかに必要ですね。規模の大きな会ですと，なかなか個別の話もしにくいので，少人数サークルという形態も必要かもしれません。

杉坂現象　規模の大きさもあると思いますが，一方で需要と供給がまだかみ合っていないことも，課題が生まれる一因という気もします。潜在的なニーズに対する供給が支援者も含めて追いついていない部分もあると感じるので。

Route ST　規模の大きいことがいいか悪いかは別にして，大人数でやるからこそ，やっとつながれたという方もいらっしゃいますしね。

高森　規模の大きな団体の主目的はまずは出会い，人のつながりメインかもしれないですね。

キュー助　私はいろいろな会が存在するようになるといいと思います。一つは多様化。一つの話題に絞らず，趣味などいろいろな話題が共有できるような会です。もう一つはいろんな地域に拡散していくこと，いろいろな年代の会や，性別ごとの会，例えば女子会のような当事者団体があればいいかな。あとは，そういうさまざまな団体を検索できるようなトータルサイトも欲しいです。

高森　性別でいうと発達障害のママさんたちの団体も活動されていますね。

そしてトータルサイトで検索できると確かに便利です。東京だったら，例えばこういうことをやっている団体があります，みたいに，サークルの情報を網羅したサイトがあるといいと思いますね。

ニョリ　私たちが当事者会に参加したてのころは，すごく緊張してドキドキしてたと思います。そして，参加者の中にはそういう人がいると思うんです。もし緊張したり不安そうにしていたりする人を見つけたら，内輪話で盛り上がらずに，「うちではこういう会話をしているんだけど」「こういう企画をやるんだけど」などと誘えるようにすることが大切ではないかな。古いメンバーが盛り上がるだけではなく，新しい人たちにも一緒に盛り上がってもらえるようにする，それが私の思いです。

高森　それも重要な思いですね。親の会でも当事者会でもそうですが，世代が若返って新参者を受け入れなくなっている傾向があると指摘されているようです。その場に一番慣れていない人に話を合わせていくとか，そういうところからやっていくといいのかなと思うこともあります。新しい人をどのように引き付けていくかは，長くやればやるほど必要になってくると思います。

本日は貴重なお話をありがとうございました。みなさんの声が多くの方に届き，今後の活動に生かされることを願って，座談会を終えたいと思います。

第4章

発達障害者自助グループとのかかわりから考えること

専門職の立場から・当事者の立場から

[1] 自助グループ活動とかかわりのあった専門職が考えること

井上メグ

1．当事者会を始めたきっかけ

当事者会をやろうと思ったきっかけを話すためには，まず私自身が「大人の発達障害」に関心を持つようになった経緯も含めてお話しないといけません。以前は「子どもの障害」と言われていた発達障害ですが，1990年代に入り，一部の専門家が「思春期以降にも発達障害は見られる」と主張し始めました。しかし，当時はあまり注目されませんでした。ところが，2000年に日本で『片づけられない女たち』（WAVE出版）の翻訳本が発売されたのをきっかけに，「私も，発達障害かも ?!」と思い，精神科や心療内科に行って発達障害と診断される成人の人たちがたくさん出てきたのです。

当事者の手記が出始めていた頃，私は大学生でした。当時，私は卒業後の進路で悩み，図書館にあるいろんな本を読んでいたのですが，当時出始めていた発達障害当事者の手記なども，そのタイトルに惹かれ，読むようになりました。読めば読むほど，「あれ？　私も，発達障害なのかな？」と思うようになったのです。

私は，手先は器用で，工作，楽器演奏ではものすごい能力を発揮できるのですが，黒板に書かれたことを理解しながら板書するのが苦手です。また，感覚過敏があり，特に周囲で話し声や音楽が流れていると，全く話せなかったり，集中できなくなったりします。それらの特徴は，「発達障害」という概念をあてはめると，とても納得がいったのです。大学４年生だった私にとってこの発見は，自分自身と折り合いをつけるきっかけでもありました（とは言え，これらの特性によって現在までに大きな支障をきたしていないため，医師による診断は得ていません）。

その後，大学院にも進学し，いくつかの相談機関で相談業務に携わってきました。その中で，精神科クリニックでの経験は大きかったです。統合失調症やうつ病，神経症……など，いろんな診断名がついている方とお会いしましたが，その半数以上が背景に発達障害を抱え，二次障害としてうつ病や神経症などを発症したのではないかと思われるケースでした。医師も，「発達障害だろうね」と言っていましたが，薬で発達障害の特性が改善するわけではないですし，それ以上のことを医療現場で何とかしていこうという風土は当時はまだありませんでした。しかし私は，カウンセリングの中で彼ら／彼女らの生きづらさを聴き，何もできない自分に歯がゆさを感じていました。今は，発達障害外来があるクリニックは増え，支援機関も増えてきましたが，当時，一般的な精神科では，発達障害を抱えている人に，障害に応じた支援をするには限界がありました。「それなら，私が作ろうじゃないか‼」，今から思えば，若気の至りなのですが，そんな思いでクリニックを退職しました。

そして，発達障害者の就労支援事業に携わりながら，ネット上で自分のブログを立ち上げたり，SNSを通じて，成人の発達障害者向けのコミュニティを立ち上げたりしました。この時立ち上げたコミュニティですが，立ち上げた目的は，「そもそも，当事者は今，どんなニーズを持っているのか？」を知るためでした。私はクリニックで会った人たちのニーズしか聞いていませんでした。就学支援，就労支援，生活支援……いろいろあると思います。2005年に発達障害者支援法ができて以降，支援機関は次々と誕生しつつありましたが，果たしてそれらは当事者のニーズに合っているのか？　それを知りたいと思ったからです。そこで，上記の自分自身の経験をコミュニティの紹介文と併せてSNS

に書き，誰もが自由に参加できる形で始めました。

結果，想像以上の反響でした。参加人数が日に日に増え，あっという間に500人になったのです。そして，参加した人たちから「就労に関して，情報共有したい」，「発達障害に関して詳しい病院を紹介してほしい」「居場所がほしい」など，たくさんのニーズが寄せられました。SNSにはアンケート機能があったので，一度それを使って調べたところ，全員が回答したものではないですが，就労支援の悩みだけで65%を占めていました。33%は仕事に就くまで，32%は仕事に就いてからの支援のニーズでした。自分自身が就学支援に携わっているので，世間的にも就学支援のニーズが高いと思っていたのですが，2014年当時では実際は就労支援のニーズが圧倒的に高いということが明らかになったのです。

この頃，SNS内でオフ会をやるのが流行っていました。オフ会というのは，「オフラインミーティング」の略称で，SNSや，以前はインターネット上の掲示板などの「オンライン上」でやり取りしていた人たち同士が，オフラインである現実の世界で実際に顔を合わせる会のことです。コミュニティ上でのやり取りが活性化し，いつも書き込みをする固定メンバーが出てきました。私自身，流行っているオフ会を，このコミュニティでもやってみたいという気持ちもありましたが，コミュニティ内のメンバーからも，「直接会って，いろいろみんなと話したい」など，オフ会開催を期待する声も上がっていました。固定メンバーの書き込みからも，実際に顔を合わせてトラブルを起こすような人はいないだろうと感じ，とりあえず何事もやってみないとわからないし，一度やってみようと思って，オフ会を開催することになりました。

このオフ会が，自然と当事者会のようになっていったのでした。

2．オフ会をやってみて

前項で述べた通り，結果的に「当事者会」となっていたオフ会ですが，私自身も参加者も皆「オフ会」と呼んでいましたので，私が開催していた会に関しては，以降も「オフ会」と表記させていただきます。

さて，このオフ会ですが，SNS上で告知し，初回21人の申し込みがありました。当時，他でも当事者会が実施されていましたが，それらの参加人数から比べても，初回に21人は非常に多かったです。そんな状況は想定外で，最大10人くらいでお菓子でも食べながらのんびりダベれればいいな……くらいにしか思っていなかったので，「情報交換をしたい」,「仲間が欲しい」,「話したい」と思っている方がこんなにもたくさんいるということに驚きました。いざ始めてみると，いろんな意見が飛び交い，体験談なども語られ，気づけば３時間があっという間に過ぎてしまいました。それでも話し足りないという人がほとんどで，もう少し残れる人たちで近くのファミリーレストランに移動し，おそらくそこでも２時間以上話し続けていました。話は尽きず,「ぜひ，また開催してください」との声がたくさん挙がりました。

「これは，大変だ。こんなにニーズがあるなら，ちゃんと継続しないと」これは，うれしいプレッシャーでした。また，私自身もとても楽しい時間を過ごせ，感激していました。「就職できない」「仕事が続かない」「支援してほしいのに，支援してくれる場所がない」話されている内容は，決して明るくはなかったですが，参加者が徐々に一体になってくる感じはひしひしと伝わってきました。誰かが自分の悩みを話すと,「わかる，わかる」といった感じに，一斉に相づちを打ち，具体的な解決策があれば「自分は○○に相談に行っている」「こうするといいよ」と提案される。そうしたやり取りが続くうちに，普段マイノリティとして生きている人たちが，徐々にマジョリティになっていくのです。会が始まった時は，緊張感に満ちていましたが，解散する頃は，今日初めて会った者同士とは思えないほど，話が弾んでいました。それだけ，日頃話せないことを話せる場を作れたし，話すこと聴くことの大切さを実感する時間でした。オフ会や当事者会は「一人じゃないんだ」と思える場であり，意義が十分あること,「また来たい」という人がたくさんいるということを知り，主催者としてかなりの満足感を感じていました。

特に，就労のテーマに関しては，このオフ会で共有されたものはかなり意義があったのではないかと感じています。事前アンケートでも示されていましたが，参加される方の多くは，就労支援の充実化を求めている方ばかりでした。当時はまだ，一般の人にまで発達障害という言葉が広く浸透してはいなかったため，就職活動も，就職してからも苦労されている方が大勢いらっしゃいました。働くことは生きていくことに直結しているため，それぞれの苦労話は本当に切実なものでした。一方で，先駆的な支援を受け，順調に就労している方も参加者の中にいらっしゃいました。その方の経験談の中には，「支援を受けている人間」だからこそわかる支援内容の“良いところ”・“悪いところ”があり，それは就労支援をしている専門家から聞く話とは違いがあるため，多くの参加者が身を乗り出して聞き入っていました。

また，「もしかして，自分は発達障害を抱えているのかも……？」と思っている方が参加されることもよくありました。毎回，冒頭で簡単な自己紹介をしてもらっていたのですが，「自分は発達障害者かも……」と不安を感じている方は，最初はあまり話さず，周りの様子をうかがっていることが多かったです。しかし，他の参加者は，一度は自分も通った道であるため，自分の体験談を伝えたり，「どういうところで発達障害かもと感じたのか？」を質問し，徐々に不安を抱えた人のために，全員で何かできることをしようという雰囲気が出来上がっていきました。不安げだった参加者の表情も柔らかくなり，「みんな同じように悩んで，今に至っているんだ」と感じることは，かなりの勇気づけになるんだということを実感しました。このオフ会に参加したのをきっかけに受診し，障害者枠での就活に切り替えた方もいらっしゃいました。

しかし，こんなに反響が良いとは予想しておらず，最初に開催した場所はアクセスが良くて安ければどこでもいいという感じで選んでいたので，継続性は完全に無視していました。その後すぐに，第２回の準備を始めたのですが，アクセスが良くて安い会議室は，繁忙期に入ればなかなか予約は取れないものです。同じところを借りることはできませんでした。初回来られた方の中には，生活保護や障害者年金で生活をされている方もいたので，やはり参加費は多くても300円までに留めたい。しかし，安い施設はすぐに埋まってしまいます。そのため，２回目以降しばらくは，駅から徒歩で20分以上というとても不便な場所をお借りすることも多々ありました。それでも，毎回10人以上は来てくださり，多い時は30人近くもいて，３グループに分かれてディスカッションする回もあったほどでした。

しばらく続けていくうちに，他の当事者会の主催者も参加してくださるようになりました。「専門家でもある人が立ち上げたコミュニティということで注目されているし，興味があったんですよ」ということでした。私自身，「専門家である／ない」で二分するのは個人的に好きではないので，「専門家」と言われたくなかったのですが，他者から見れば，専門的な教育課程を経て資格を持った人は「専門家」に位置づけられるわけですし，「一当事者」が作ったコミュニティとは違うものを感じ取られていたようです。とはいえ，興味を持って来てもらえたことは，とても嬉しいことでした。これを機に他の当事者会との接点ができ，「コラボ企画とかやりましょうよ！」と，クリスマスパーティーなど，人が多いほど楽しそうな企画の時は，合同で開催するなどしていました。

そして，何より他の当事者会とつながったことで助かったのは，開催場所についてでした。他の当事者会を主催している人に，自治体登録をしていて，市営の施設を優先的に借りることができる方がいらっしゃいました。その方が，自分の会と一緒に，私が主催するオフ会の場所も取ってくれるようになったのです。こうした協力もあり，開催場所を利便性の良いところで固定することができるようになりました。

また，参加者の中には，他の当事者会にも参加している人がたくさんいました。同じ日に開催すれば，グループをはしごしてくる人たちもいるほどでした。中には，当事者会の途中で，「これから，○○（他の当事者会）に出ていた人３人も一緒に参加していいかな？」と連絡をくれ，人を連れてきてくれる方もいらっしゃいました。私自身も，他の当事者会に参加する機会も出てきて，当事者会の垣根を越えて，どんどん交流が深まっていきました。オフ会を始めてたった9カ月で，これほどまでに賑わった会へと育っていきました。

３．「専門家」が主催したがために起きた失敗

順調だったオフ会ですが，結果的に，私が「専門家」であることがきっかけで，終息に向かうこととなってしまいました。

一つは，私が仕事をしながらオフ会を続けることが，大きな負担になってき

たということです。仕事がきっかけで，オフ会もやりたいと思うようになったわけですから，その時点でやっていた仕事をおろそかにするわけにはいきません。それでも，オフ会は楽しく，何とかやれる範囲で続けようとしてきました。しかし，この後書く出来事を機に，オフ会を続けていく大変さを実感し，二束のわらじの限界を感じて，中断することとなりました。

先ほども書いたように，他の当事者会との交流も増えていたわけですが，他の当事者会であったトラブルが，自分の運営していた当事者会に持ち込まれてしまう出来事がありました。そのトラブルに関する情報が，あちこちから入ってくるようになったのですが，全く正反対の話も多く，一体何が本当なのかわからない状況でした。それでも，オフ会に参加する人たちには危害が無いようにしたいと思い，いろいろ対応していたのですが，人としても専門家としても未熟だった私は，うまく対処できず，参加者の一人を傷つけることになってしまいました。その方は，「どうして，専門家の方がいるのに，ここでもトラブルが起きてしまうんですか ?!」と怒りを顕わにされていました。

当時，多くの当事者会は，当事者のみで運営されているところが多く，またノウハウの蓄積も少なかったため，いろんな当事者会でトラブルが起きていました。それにより傷ついた方が，「専門家のいるところなら，傷つかずに済むかもしれない」という期待をもって，オフ会に参加されていたのです。この時初めて，自分に対して「専門家」として大きな「期待」が向けられていることに気づいたのでした。

「専門家」への期待は，トラブルへの対処だけではありませんでした。コミュニティの書き込みに，「専門家であるメグさんに，憧れています！　一度お会いしたい」という内容のものが書かれることがありました。私のどこに憧れるんだろうか……？　別に，これと言って，憧れるようなことをしているつもりはないのに。しかし，「当事者でもありながら専門家」という肩書きを持った時点で，憧れる要素を持った人間に映っていたのです。また，他の当事者会の主催者から，「実は，メグさんって，有名ですよ」とも言われました。気づけば，実際の私の姿をはるかに超え，いろんな「期待」を付与された「井上メグ」というキャラクターが独り歩きしていたのです。

他の当事者会を主催している人に，自分のイメージが独り歩きしてしまうことを相談したことがありました。その方たちも，同じような体験をされていました。彼らは「当事者でありながら，当事者会を主催し，TV などにも出て，障害を乗り越えた当事者の代表」というようなイメージを持たれることが多かったようです。それは，重荷だったことでしょう。彼らだって，目立ちたくって当事者会を始めたのではなく，自分も生きづらさを抱える一人の人間として，何かをやりたいという想いにかられ，当事者会を始めたのだと思います。しかし，会が大きくなるのと同時に，自分の名前も大きくなり，カリスマ的に扱われることもあるのです。本来の自分と，周りから思われている自分とのギャップに，葛藤したり，苦しむ人もいるようでした。私の場合は，それに加え「専門家」という肩書きも含まれていました。他の SNS で行われているオフ会と同じような感覚で始めた会でしたが，気づけば「当事者でもありながら専門家」が主催する会という，いろんな期待が込められた場に育ってしまっていたのです。

正直，当日の自分では対応できる範囲ではありませんでした。オフ会のようなグループを運営するというのは，様々なことを背負うんだということを想定していなかったのは「専門家」である自分として恥じるべきことだったと感じています。とはいえ，走り出してしまった以上，何かしらの対応は取っていかないといけない。そこで私が取った対応は，他の当事者会との合併でした。ですが，これは決して私の当事者会運営に際しての労力を減らすものにはなりませんでした。そもそも，当事者会を運営するというのは，果てしない労力を使います。それを大きくなってから，自分の負担を減らそうなんていうのは，無理な話でした。他の当事者会と合併したことによって，私自身，合併した当事者会のメンバーとして扱われることになりました。合併した当事者会に対していろいろとお伺いを立てたり，お願いされることが出てきたのです。また，合併した当事者会が合わない方もいらっしゃいました。そうした方たちは，私が主催していたオフ会に参加しなくなりました。合併は，負担軽減どころか，やりづらさを増やすものとなってしまったのです（決して，合併した当事者会がやりづらいという意味ではありません。オフ会運営にあたって必要な作業で，やりづらいものが増えてしまったという意味です）。

同時並行的に，私自身本業の方が忙しくなり，自然消滅的にオフ会は開催されなくなっていきました。

４．当事者会にかかわる「専門家」に必要な“心構え”

こんな体験談を読んでしまうと，「専門家」という立場で当事者会に関わることはしたくないと思わせてしまうかもしれません。しかし，今改めて振り返っても，オフ会での出会いや経験は，かけがえのない体験だったと感じていますし，今でも付き合いがある人たちは大勢います。当事者会は，普段マイノリティである人たちがマジョリティになれる場所です。「障害」が前面に出て，自分らしさを出せないでいた人たちが，当事者会の中では「障害」を堂々とさらけ出しつつも，自分らしさを発揮できるのです。自分らしさを発揮している方とは，専門家／非専門家，当事者／非当事者という垣根を超えて，人として親しくなれ，人生の中でも大きな出会いをたくさん経験することができました。専門家の方が当事者会に参加するのは，「専門性」を発揮するだけでなく，一人の人としてそこで何かを得られるかもしれないという意味でも，参加する意義はあると思われます。また，今では当事者でもあり専門家でもあるという方が当時よりもだいぶ増えたと感じております。それはとても良い傾向だと思います。

ですが，「専門家」という肩書きを持っている人は，参加するにあたって必要な“心構え”はあると思います。前の項でも書きましたが，何らかの資格を持っていたり，「専門家」として現場で働いている人間は，「プライベートで参加しています」と言ったとしても，「専門家」としてのまなざしを持たれてしまいます。そのまなざしに対して，自覚を持つことが大切です。「専門家の方ですよね？　相談してもいいですか？」と聞かれることがよくあります。多くの専門家は，プライベートで相談に応じないと思いますが，本人が応じられると思えば，応じても構わないと思います。ただ，その後何か起きた場合には，「専門家」としても責任が発生する可能性が高くなります。「専門家として対応していなかった」という言い訳など通用しません。自分の行動に責任を持つことが，「専門家」であるからです。自分が「専門家」というまなざしが向けられていることを自覚し，その上で，自分のできること／できないことをはっきりさせることが大切です。

また，「自分のできること／できないこと」をはっきりさせても，それが当事者会メンバーと共通理解になっていないと，それは「伝えた」ことになりません。伝わっていないと，後で責任を持たされる場合があります。本来，当事者会でトラブルが起きた場合，その責任は会の運営者や責任者にあるはずです。しかし，「専門家」という肩書きがあると，「なぜ，専門家が関わっていたのに，トラブルを防げなかったのだろうか？」というナラティブが生まれやすいです。そのため，日頃から「自分のできること／できないこと」をきちんと伝え続けていくことが大事です。実際，当事者と「専門家」が対等な立場で同じコミュニティ内で活動していても，いざ大きなトラブルが起きた時に，一気に「専門家がいたのに，どうして防げなかったのか？」と責められるケースはよくあるものです。ですが，「専門家」は，支援するにあたっての必要な知識や技能を持った人間であり，支援業務を行うにあたっての責任はありますが，全てにおいて「責任を負う人」ではないのです。責任を「押し付けられる」ことを防ぐためにも，自分の立場，できること／できないことを明確にし，当事者会の責任者との間で共有しておくことが大事だと思います。

このほか，「専門家」という肩書きを持って当事者会に参加する人は，自身も当事者である場合だけでなく，当事者会ならではの試みや当事者に触れて，いろいろ経験したいという場合が多いでしょう。「当事者にふれ，いろいろ経験したい」という形で参加する場合は，結構「お客さん扱い」をされやすく，「専門家の人たちが見学に来てくれた」という意味で利用されるパターンが当時かなり見受けられました。しかし，ここでトラブルにつながりやすいのは，「〇〇さんが参加してくれました！」と実名を挙げられた場合です。軽い気持ちで参加したつもりが，周りから「〇〇さん，あそこの当事者会に関わっているの？」と思われ，トラブルが起きた時に思わぬ形で責任を負わされる可能性もあります。そのため，活動報告などで参加したことを公開したいと問い合わせをされた場合は，その影響を考えて返答した方が良いです。

そして，自身も当事者であり，「専門家」である場合は，仲間意識の強さから，期待度が高く，一度トラブルが起きると，その期待が一気に怒りへと転化しやすいという傾向があります。会を法人化したり，助成金をもらおうとするとき，「専門家」だと「管理者」になってほしいと頼まれる場合があります。こういったことを受けるときは，「一専門家」ではなく，その責任を引き受けた「管理者」として自覚を持った方が良いでしょうし，それができないなら，しっかりと断ることも大切です。当事者同士としての仲間意識も強く，「専門家」を目指す人ならではの「やってあげたい」気持ちが強いと，ついいろんなことに協力したくなりますが，協力すればするほど，責任も負われやすくなります。コミットする度合いを増やしたり，協力するときは，「責任を持つ可能性も増す」という自覚が大切です。

最後に，一番伝えたいことを述べたいと思います。当事者会は，一種のグループです。自分自身が「専門家」としてのまなざしを向けられていることを自覚すること，自分のできること／できないことをきちんと伝えること，これらをきちんと行うためには，自分がグループの中でどういう立ち位置にいるのか？　また，グループ全体がどういう状態であるか？　など，グループダイナミクスを把握していないとできません。しかし，「専門家」である人は，資格を取るまでの間にいろいろなことを勉強し，訓練を積んでいきますが，グループ体験は，全体の中では割合が非常に小さいです。そこで，当事者会に関心がある人には，会への参加と併せて，グループダイナミクスを学ぶこともおすすめします。ここ数年，グループ体験を重視する動きもある一方で，グループの中で“感じ”・“体験する”ということに恐れを抱いている「専門家」もたくさんいます。ですが，グループ体験を怖いと感じるのは，怖いと感じている人がいけないのではなく，ファシリテーター（グループの進行役）の経験不足により，グループに参加して傷つき体験をする人がいるからなのだと思います。その結果，グループに参加し，体験することに恐れの感情を抱くことは，本当に残念なことであります。そこで，これからグループ体験をしていきたいと思っている人は，グループ体験をしたことがある人に紹介してもらったりしながら，ベテランの方がファシリテーターをしているグループなどに参加してみてください。そうした経験は，当事者会にかかわる際も，必ず役立つことと思います。

5．さいごに

オフ会の活動を振り返り，改めて，自分が人間的に未熟だったことを痛感します。「誰かと一緒に，何かをやる」というのは，当事者会に限らず，とても大変なことです。運営するには一人では限界があるし，目的と方向性を持つことが大切だったのでしょう。しかし，至らないところだらけの会であったにもかかわらず，多くの人が関心を持って参加してくださったことは，今でも感謝の気持ちでいっぱいです。

多くの当事者は，何とか少しでも生きやすくなりたいと，毎日必死に生きています。その中で得た知識や経験は，「専門家」が持っている知識よりもはるかに，日々を生きていくことに役立つものです。今でも私は，当事者会を通じて知り合った当事者から，いろいろ教わっています。それを，現場で出会う人たちに還元していくことが，以前当事者会にかかわった「専門家」の一つの責任の取り方ではないかと考えています。

文献

サリ・ソルデン（著）　ニキ・リンコ（訳）(2000)．片づけられない女たち　WAVE出版.

白井由佳 (2002)．オロオロしなくていいんだね！――ADHDサバイバル・ダイアリー――　花風社.

ロクスケ・Wing Brain委員会メンバー (2004)．当事者が語る大人のADHD――私たちの脳には翼がある！――　明石書店.

リアン・ホリデー・ウィリー（著）　ニキ・リンコ（訳）(2002)．アスペルガー的人生　東京書籍.

ニキ・リンコ・藤家寛子 (2004)．自閉っ子，こういう風にできてます！　花風社.

ドナ・ウィリアムズ（著）　河野万里子（訳）(2000)．自閉症だったわたしへ　新潮社.

［2］当事者団体の自主運営における課題について

高森　明

1．はじめに

日本の都市部では，発達障害者の手によって自主運営する当事者団体が急増している。筆者が住んでいる首都圏では，毎週のようにいずれかの当事者団体が何らかのイベントを開催している状態である。この傾向について，「当事者だけで自主運営ができるはずはないし，すべきではない」という意見もあるが，筆者はこの意見に与しない。試行錯誤，創意工夫を重ねながら，様々な弱さや困難を抱えるメンバーからなる団体の自主運営が可能になれば，その蓄積は当事者のみならず，社会にとって大きな財産となるからである。

もちろん，当事者による自主運営には様々な困難や課題がつきまとう。それまで様々な集団の中で孤立気味だった当事者，職場の末端で働いており運営に参画することのなかった当事者にとって，団体運営への参画は未知の領域である。団体運営では，スタッフとなった当事者は〈やりたいこと〉だけではなく，〈やらなければならないこと〉を行わなければならない。また，〈やってはならないこと〉を行わないという自制も必要である。

各団体が大切にする価値観は多様であってもよいが，各団体の運営スタッフが最低限共有しておいた方がよい規範は確認しておいた方がよいだろう。本稿において，筆者は自らの体験に基づき，最低限共有された方がよいと判断した規範をいくつか提示する。

詳細な具体例は挙げないが，提示された規範は現実の運営において発生した問題を反映していると受け取っていただければ幸いである。運営の基本ではなく応用を知りたいという読者にとっては不満の残る内容かもしれないが，基本を知らずに団体運営を進めていくのは危険であると判断し，応用には言及しなかった。

2．運営スタッフが知っておきたいこと

本稿で扱われる規範は，具体的には(1)会則について，(2)合意に基づく決定，(3)機密保持，(4)記録とお金の管理について，(5)ボランティアの限界について，(6)参加者への公平性，(7)参加者からの評価，(8)団体間の関係に関するものである。

(1)　会則について

公民館の予約，公的機関での団体登録，申請手続きに関わったことのある当事者であれば，会則（あるいは規約，定款）の提出を求められた経験が一度はあるだろう。会則は団体の諸手続きにも必要だが，それだけでなく，その団体にとって〈憲法〉のような役割を果たしている。言うまでもないことかもしれないが，団体はその運営スタッフが自分の好きなように運営していればよいわけではない。運営スタッフもまた会則に拘束される。

会則には，その団体の理念，活動の範囲，運営方法が明記されている。もし，会則に明記されていない活動を始める場合，運営方法を修正する場合には，まず会則に示された正式な話し合い（運営者会議など）を開き，運営スタッフの合意を形成する必要がある。法人格を持つ団体であれば，監督機関への変更届も必須である。実際の活動内容と運営方法の変更が認められるのは，合意形成と届出が終わってからである。

もちろん，実際の運営では，緊急性があるにもかかわらず，会則に規定がなかったため，その場の判断で対応しなければならなかった案件，会則通りの対応では，不都合が生じやすかった案件も生じやすい。その場合は，対応した運営スタッフが他のメンバーに事後報告を行い，正式な話し合いを経て，会則を現実に即した内容に変更していく必要がある。大切なのは，場当たり的な対応が運営スタッフにとって当たり前になってしまわないことである。会則は運営が混乱しはじめた時に基本を確認するための重要な判断基準である。

⑵　合意に基づく決定

「当事者同士だから細かく説明しなくても分かり合える」というのは，一種の幻想である。

実際には，当事者同士でも分かり合えないことは多いし，対立や衝突が起こることは避けられない。特に金銭が絡む案件，運営における業務分担を決める案件では，運営スタッフの利害対立は頻繁に発生する。「説明しなくても分かり合える」という前提は捨て，丁寧に話し合いを積み重ね，合意を形成しながら，運営を進めていく必要がある。場合によっては，正式な話し合いの場のみならず，運営スタッフ同士が顔を合わせた時に，それぞれの担当業務の情報交換を行えるような仕組みを作っておいた方がよいだろう。

もちろん，団体によっては，代表者が物事を的確に処理できるので，ワンマン体制の方が運営は滞りなく進められる，という場合はあるかもしれない。しかし，それでは自主運営に参画できる当事者は育っていかない。新しい運営スタッフが将来的にその団体を引き継いでいく場合でも，独立して新団体を設立する場合でも，運営スタッフの育成は必須である。育成には成果ではなくプロセスを大切にしていく視点が不可欠であり，合意に基づく決定を積み重ねていくこともその一環である。

⑶　機密保持

運営スタッフと参加者の垣根の低さは当事者団体の強みであるとともに，弱みでもある。参加者に何をいつどのようにどこまで伝えてよいのか，という点は運営スタッフ同士の間で共有しておく必要があるだろう。何を機密とするのかは団体の判断にもよるが，筆者から見て特に取り扱いに注意が必要な情報を挙げ，その理由を示していきたい。

①　参加者の個人情報

当事者団体が主催するイベントでは，参加者の個人情報を多く扱うことになる。参加者の受付では参加希望者の連絡先を団体が保管することになり，イベントでは参加者の個人的な経験を聞く機会も多い。特に後者は運営スタッフや参加者のネット上の書き込みにより，個人情報（発言内容，写真）が流出してしまう案件は後を絶たない。基本的にイベントで知りえた参加者の個人情報は参加者本人の同意がない限り，第三者に伝えてよいものではない。特にネット上に投稿した内容は不特定多数の人々に発信され，削除しても検索エンジンをかければ，内容は容易に検索できてしまう。特に運営スタッフによる個人情報の無断公開は，団体の存続にも関わる問題であり，厳重を期した方がいいだろう。また，完全に防ぐことは難しいかもしれないが，参加者にもネット上での不特定多数に対する個人情報の発信は，法律案件にもなりかねない重要なトラブルになることを文面で伝えておくことが望ましい。

②　運営上の機密情報

あらゆる当事者団体には，第三者に伝えてはならない機密情報がある。例えば，団体の新規事業計画，スタッフの進退に関する人事情報は機密情報に該当する。これらの情報は個々の運営スタッフの自己判断で参加者に漏らしてよい情報ではない。ましてや運営者会議において合意が形成されていない案件，まだ監督機関に申請をしていない案件を参加者に漏らすことは重大な問題に発展する危険性がある。参加者に不確実な期待を持たせるばかりでない。いつ情報が漏洩するかも分からない団体は，参加者にとっても安心して参加できる居場所とはなりえない。さらに漏洩情報が監督機関に伝わることによって，事業計画，人事そのものが白紙に戻ってしまうことさえありうる。事業計画，人事情報を参加者に説明する場合は，運営スタッフ同士でいつ，どのような内容を，どのような方法で伝えるのかをきちんと決めてから，説明することが望ましい。

また，運営スタッフが参加者と関わる中で知りえた情報も機密情報に該当する。例えば，参加者が運営スタッフだけに伝えるつもりで話した内容が，他の参加者にも伝わっていたとすれば，その団体は次第に信頼を失うことになるだろう。運営スタッフと参加者の垣根が低い団体では非常に起こりやすいトラブルなので，細心の注意を払うことが望ましい。

(4)　記録とお金の管理について

この課題は特に，法人格を持つ団体，公的機関か民間団体から助成金を受けて活動している団体，会員からの会費によって運営されている団体に発生する。法人格を持つこと，第三者からお金を受け取ることによって，その団体に求められる公共性，透明性の水準は高くなる。自主運営している団体なのだから，好きな活動をしてもよい，受け取った助成金を自由に使ってもよいという話にはならない。どのような活動を行ったのか，お金をどのように使ったのかを社会に向けて報告する義務が生じる。義務を果たすためには，活動とお金の出納記録を残し，監督機関や出資者から説明が求められれば，記録に基づき，説明ができるように準備しておく必要があるだろう。

お金については，その出費が事業にとって必要経費か否かの判断も重要である。運営スタッフ自身が必要経費だと判断していたとしても，事業計画にもないお金の使い方をしていれば，流用と判断される。特にお金の使い方に関する不祥事の発覚は，団体の信用失墜につながるので，細心の注意が必要となる。

(5) ボランティアの限界について

お金の取り扱いについて少し厳しいことも書いたので，筆者が当事者団体の運営は無償ボランティアで行うべきだと主張しているかのように受け取った読者もいるかもしれない。しかし，筆者の考えは逆で，当事者団体は無償ボランティア頼みの運営から徐々に脱却しなければならないとさえ考えている。特に地方の当事者団体運営では，交通費などの運営スタッフの持ち出し（自己負担）は極めて高額なので，ボランティア頼みの運営は行き詰まる危険性が高い。少なくとも，運営スタッフの持ち出しはなくすこと，できればイベントに関わったスタッフには少額でも謝金が払えるような仕組みは不可欠だと考えている。そのためにも，運営スタッフが知らずに不適切なお金の使い方をしてしまったという事態を防ぎ，適正なお金の使い方を身につけた方がよいというのが，筆者の考えである。金銭の問題を避けていたのでは，持続可能な運営は難しいだろう。

(6) 参加者への公平性

当事者団体が参加者に提供する活動，サービスには公平性が必要であることは言うまでもない。しかし，何が公平かという問題は当事者団体には常につきまとう。困難さも生活条件も異なる参加者を一律に同じように扱うことが，必ずしも公平とは言えないからである。

あくまで暫定的な答えになってしまうが，筆者は公平を以下のように捉えている。全てのメンバーが同じ状況に陥った時に同じ配慮を行うことができることが公平である，と。例えば，ある参加者が失業し，貯金も尽き，アパートを立ち退かなければならない状況にあったため，見かねた運営スタッフの１人が自分の家に寝泊まりさせたとしよう。このスタッフの行動は善意に満ちているが，残念ながら公平とは言えない。住まいを失いかけている参加者が複数いた場合に，全員に対して同じサービスを提供することができないからである。しかし，住まいを失いかけている参加者全員に同じ時間だけ相談に乗る，全員を生活・住居相談の窓口につなぐといった対応ならば，多少時間と労力が必要だが，希望者全員に同じ対応を行うことは可能である。運営スタッフが困っている参加者に手を差し伸べる場合，他の参加者から同じことを求められた場合に同じ対応が可能なのかということを常に意識しながら行動することが求められる。

(7)　参加者からの評価

当事者団体の運営には運営スタッフの自己実現という欲求が少なからず，含まれている。その欲求を一概に否定することもできないが，自己実現ばかりを目指してしまうと，その運営は時に独善に陥ってしまうことがある。あるいは初期メンバーの運営のしやすさ，居心地のよさを追求するあまり，後から参加した当事者にとっては居心地の悪い集団になっていたということも皆無ではない。主催するイベント参加後のアンケートなどを通じて，参加者の評価を絶えず受ける仕組みが必要だろう。評価はその団体の大切にしている価値観の是非を問うものでなくてもよいが，参加していて不便さはなかったか，スタッフの対応はどうだったか，発言のしにくさがなかったかなどは，最低限評価を受ける必要がある。

評価を受ける際に，筆者が１つだけ留意しておいた方がよいと思う視点を挙げる。それは，当事者団体に参加したことによって，参加者の現実生活での生きやすさ，現実生活で関わっている人々との関係性はどのように変わったのかという視点である。当事者団体と接触した参加者はよくも悪くも新しい知識と価値観を獲得する。そして，獲得した知識と価値観によって，日常生活で関わっている人々との関係性にも否応なく変化が生じる。

当事者団体の活動は常にその参加者が現実社会との折り合いをつけるのに役に立つものでなければならないということではない。むしろ，現実生活からの防波堤であることに，活動の意義がある場合だってありうる。しかし，その場合でも，運営スタッフが自分たちの活動は参加者の現実生活にどのような影響を与えているのか，という点に関心を持つことは大切である。

(8) 団体間の関係

最後に乱立する当事者団体同士の関係はどのようであった方がよいのか，という点について述べる。筆者は，当事者同士の連帯のために統一組織を作る必要性は感じていない。むしろ，多様な方向性を持つ団体が乱立し，参加者がいくつかある居場所を取捨選択できる状態，あるいは複数の居場所に同時に所属できる状態にある方が望ましいと考える。

しかし，多様な団体の乱立により，団体間の対立は時に激化する。ひどい時には，ネット上や各団体のイベントで中傷合戦が繰り広げられることさえあるだろう。繰り返しになるが，当事者同士であれば理解し合えるというのは幻想である。どのような他者であれ，理解し合うためには，団体双方の粘り強い試行錯誤が必要である。

全ての団体が仲良くすることや，協力し合えるようになることはおそらく不可能だろう。

しかし，仲良くすることはできなくても，協力し合うことができなくても，お互いの活動を妨害せずに共存していくことならば可能なのではないだろうか。協力ができないのであれば，足を引っ張り合わないこと。団体同士でこの規範が守られるだけでも，当事者団体は不毛な争いに労力を費やすことなく，自らの団体の活動をよりよくすることに力を注ぐことができるようになるだろう。

3．まとめ

文章にしてみれば，あまりにも当然のことが，実際に当事者団体の運営に関わってみると，なかなか実現できなくなってしまう。筆者の当事者団体の運営経験もそんなことの繰り返しだった。本稿の内容のうち，半分は筆者自身の反省談であると受け止めてもらってよい。2010年代の発達障害当事者団体は極めて活気にあふれている。当事者団体の一部がスタッフを雇って支援事業を運営するという事態は10年前であれば想像すらできなかっただろう。しかし，まだ〈安全運転〉の仕方が十分に身についていない。持続可能な運営を実現するためには，運営スタッフが事業とは何なのかを考え，その基本をきちんと身につけていく過程が不可欠だろう。本稿が微力ながら，その際の検討材料になれば幸いである。

第5章

支援者の立場から

発達障害者のグループをどう支えるか

［1］自助グループ活動に寄せる期待

木谷秀勝

1．自助グループと共にしてきたあゆみ

今回このテーマで依頼が来てから，これだけは書きたいなあと考えていたことが，筆者が自助グループと「共にあゆんできた」過去と現在の姿であった。筆者が九州大学教育学部に入学したと同時に関わり始めた「土曜学級」（濱田，2007）をきっかけにして，現在の山口大学に移ってからは，山口県内のいくつかの自助グループの活動に協力してきている。

そこで，過去に関わってきた自助グループ活動から学んだことを整理することから始めたい。

(1) 「関わるからこそ，見えてくる」障害の姿

私事になるが，大学と大学院にかけてほぼ週末を「土曜学級」と共に過ごしてきた。この「土曜学級」では，指導的立場にいた村田豊久先生や小林隆児先生から，自閉症（以下，ASDと表記）に関して本当に貴重な教えを得ることができた。それ自体も貴重な宝物であるが，それ以上に貴重な体験だったこと

がある。それが「関わるからこそ，見えてくる」ASDという障害の姿を理解できたことであった。「土曜学級」の治療的意義として，小林先生がよく使っていた言葉がある。「踊る阿保に，見る阿保，同じ阿保なら踊らにゃ，損々」である。単純に言い換えると，「ASD児と一緒に関わりながら，同じ体験を通して，子どもたちが感じている世界を理解しよう」という姿勢である。この姿勢はASD児だけでなく，ASD児を抱える家族に対しても，年に２回の合宿などを通して，われわれが関わる際の基本であった。

筆者が「土曜学級」に参加していた当時は，現在のように多くの医療や療育機関がまだ整備されていなかった昭和の時代である。それだけに，ASD児を抱える家族の精神的負担も計り知れないものであった。そうした家族の苦悩だけでなく，ASD児を抱える家族だからこそ体験できるささやかな喜びを，一緒に「関わるからこそ」感じることができた。そして，そこから新たに見えてくるASD児の「豊かだからこそ傷つきやすい心の世界」（木谷，2013）を知ったことは，その後のASD児者やその家族，そして自助グループの活動への支援に大きな影響を与えたことは確かである。

(2)　「地域と共に生きる」障害の姿

その後，平成10年に現在の山口大学に移ったことは，新たな支援の進め方を考えるきっかけにもなった。当時の山口県は，それぞれの地域ごとにバラバラな動きをしており，それぞれの地域をリードするベテランのお母さんたちやベテラン教師，そして地域の療育機関が支援の中核を担っていた。そこには，地域に根差した療育が進められる利点はもちろんあったが，ごく一部の地域では，あるベテランの指導者を通さないと，支援学級への希望も通らないといった弊害が見られた。つまり，地域支援と言いながらも，強い閉鎖性が存在していたことは事実である。このように，当時の山口県内は，自助グループは存在しても，まだまだ周囲に理解されない障害を抱えた家族や当事者たちが，経験ある専門家に必死の思いで依存せざるを得なかった状況であった。

ところが，当時の若い世代の母親たちのように，早期からの療育や相談を通して，広く全国の情報を直接見聞きする機会が増えるにつれて，それぞれの地域特有の旧来からの考え方に違和感が強くなっていた。

こうした背景のなか，筆者が山口に行った（正確には，出身地の山口県に戻った）こともきっかけになり，当時の若い世代の母親たちに協力する形で，新たな地域支援の活動が展開されるようになった。

具体的には，「キラキラ☆キッズ（後に，岸田あすか氏を中心にしたNPO法人「シンフォニーネット」へ移行）」（木谷他，2003），「ブルースター（山口県長門市を中心とした発達障害児の親の会）」（木谷，2008），「山口県アスペの会（山口県内の高機能自閉症児者とアスペルガー障害児者とその家族の会）」（木谷他，2003）などの自助グループの立ち上げや活動の展開を支援してきた。それぞれの活動で筆者が強調した点は，会員同士が内々に愚痴をこぼし合うことよりも，家族自身が県内外の専門家の講演会を企画・運営すること（筆者は講師の推薦や依頼を分担），障害に関して地域に広報活動をすること，そして地域に潜在的に眠っている新たな人的・物的資源を発見しながら，何よりも，「地域と共に生きる」視点を重要視したことである。それでも，家族だけでは限界があるために，専門家でもある筆者が，それぞれの地域活動の成果と課題を学術論文にすることで，活動を維持するための助成金が受けやすくなる環境作りへの手助けをしてきた。

ところが，こうした活動を展開すればするほどに，２つの大きな課題にぶつかることがわかってきた。第一に，子どもたちが学校生活を過ごす年齢だと親同士の悩みや不安も共通していることが多く，一緒にやっていこうという意欲は高まる。ところが，成長するにつれて，特に中学校卒業後の進路選択，具体的には支援学校か，高校かの進路選択をしないといけない時期から，家族ごとに支援のニーズが大きく異なってくるために，会そのものの維持や運営が難しくなることが多くなる。第二に，こうした活動に参加している家族への調査を通してわかったことは，会の活動に積極的な家族の多くにうつ状態や不安・不眠から投薬を受けている家族が多いことである（宮崎・石村・木谷，2004）。実際に障害児を抱える家族にはうつ病のリスクが高いことは報告されている（野邑・辻井，2006；田中・木谷，2011）。特に，活動を通してわが子の将来が予測できるようになると同時に，社会に出ることがなかなか難しい事実に直面することで，こうした傾向が高くなり，自助グループからも退く家族が出てくることは残念であった。

2.「自分らしく生きる」ことへの転換

このように，頑張ろうと必死になっている自助グループの葛藤を再検討する過程で，現在は「自分らしく生きる」重要さを再認識するようになってきた。そのきっかけは，東京での体験である。

毎年恒例となっている東京都自閉症協会アスペ部会の講演を始めてから約10年経過した。講演をするきっかけは，日本自閉症協会が中心になって，各地で高機能部会の立ち上げが進み始めた時に，山口県アスペの会の実践報告をするために筆者も東京に同行したことである。その報告会の場で，各地域での実践報告を聞いていたが，多くの活動内容が「頑張る」スキルを中心にした実践報告だった。そこで，筆者が「もっと ASD らしく生きることが大切」とコメントしたところ，尾崎ミオさん（現NPO法人東京都自閉症協会理事）が賛同してくれて，そこから「自分らしく生きる」ことをテーマにした講演会や研究報告を現在も続けている。

⑴「自分らしく生きる」ために必要なスキル

筆者は ASD に必要な「自己理解」として，自分の得意さ・苦手さを表現することで，ASD自身が「本当に困っていること」や「本当に支援してもらいたいこと」を周囲に理解してもらうことの重要性（木谷，2014）と同時に，ASD の長期間の追跡調査から，「頑張る」スキルだけでなく，上手にリフレッシュするスキルが必要であることを示唆してきた（木谷，2016）。

こうした筆者の視点を裏づけるように，2013年に改訂された DSM-5 に明示されている社会適応に関わる概念の変更は注目に値する内容であった。その変更は，従来からの「ソーシャルスキル」だけでなく，生活面での自己管理を含めた「ライフスキル」の安定，余暇支援や地域での活動に（自分から）積極的に参加しながらリフレッシュできるための「ソフトスキル」の３つのスキルの重要性と，そのバランスから個々の ASD が生活する文化や地域での適応レベルを評価するという視点の変更である。

こうした概念の転換には，もう１つ重要な支援の転換が絡んでいる。それは，従来の家族が主体となる自助グループから当事者自身が主体となる自助グループへの転換である。次に紹介する筆者らが進めている「自己理解」プログラムからも，当事者自身が望み，試み，困ったことを周囲に支援を求めることが，本当に必要な当事者ニーズの支援につながることがわかる。逆の視点で見ると，受身型のASDが小さい時には手がかからないが，大きくなってから自発的に活動することが困難で不適応状態になりやすい事実も理解しやすい。

(2) 「自分らしさ」を取り戻す場所作り

長期にわたる支援を行う中で，児童期から継続して支援を進めてきたASDの多くが，青年期に到達した。その成長はうれしいことだが，同時に青年期ならではの不安や悩みもたくさん聞くようになってきた。その中で多くのASDに共通する点が，「仲間がほしい」「こんなに苦しいのは，自分一人だろうか」という孤独感である。

ところが，こうした訴えをしてくる青年期のASDは，大学や社会でもある程度の適応ができている青年が多い。そこでわかることは，ASD自身が求める人間関係は，社会という「ソトヅラ」での人間関係ではなく，「本来の（ASDとして）自分らしい姿」でも，付き合ってくれる仲間との関係である。ところが，社会に出ると，個々が通う大学や勤務形態が異なるために，なかなか定期的に集まることが難しい。それでも，都市部のように公共交通機関が充実していれば，その可能性は高まるが，山口県のように限られた時間と本数の交通機関しか活用できない場合，車を出してもらわないといけないなど家族の協力も必要であり，自分のペースで動くことが難しい。しかも，社会人になってから，「では，仲間作りのスキルを身につけましょう」と新たなスキルの習得を始めることは，仕事で疲れているASDにとっては，大きな負担になることも想像できる。

そこで，筆者らは，高校生から大学生のASDを対象に，夏休み（の週末）を使って，生活（リフレッシュできる時間も含めて）を共にしながら「仲間づくり」スキルの習得を目的とした，自己理解合宿（正式には，集中型「自己理解」プログラム）を試行している（中原他，2012；木谷他，2016)。

この「自己理解」プログラムを通しての最近の発見（成果に関しては，前述の文献を参照願いたい）を，１点だけここで紹介する。それは，合宿を通して見せてくる青年期の ASD の上手な「ソトヅラ」の使い方と「本来の自分らしい姿」との絶妙なバランスを，一番近くにいる家族がもっとも気づいていないことである（実は，アンバランスであることに気づけていない場合も）。筆者は，発達障害は「もっとも身近な家族ですら理解できない」障害だと考えている。この問題点により，成長するにつれて，家族との接点がより希薄になりやすい青年期の ASD にとって，「自分とは何者か」を見つめ直すために必要な家族からの（肯定的）評価を受ける際に大きな支障が生じてくる。

したがって，青年期の ASD にとって主体的に「自分らしく生きる」基盤として本当に必要なことは，頑張って優秀な大学に入ることでも，大企業に就職することでもなく，「自分らしさ」を取り戻せる毎日の生活の場（家族と一緒でも，一人暮らしでも）が重要であることが明確になってきた。そして，その視点の延長上で自助グループの意味を検討することが大切ではないだろうか。

３．「期待されない」活動になることへの期待

筆者自身の自慢話のような内容が続いて，そろそろ飽きてきた頃だろうか。しかも，突然，「期待されない」活動って何？　とびっくりしていることだろう。しかし，よく考えてもらいたい。筆者が，これからの自助グループに期待することは，ここまで書いてきた内容そのものである。しかし，その内容をあまり強調したくないことも本音である。その理由は，自助グループへの多大な期待を書けば書くほどに，家族や当事者が自助グループの立ち上げや仲間が辞めないように活動を維持することに懸命になり過ぎて，やがて疲れからうつ状態になってしまい，結果としてお互いに罪悪感だけが残ってしまうのではないかと考えるからである。

最近，加藤浩平氏の TRPG の活動（加藤・保田，2014）を見ていると，この活動を通して「自分を変えよう」とか，家族も「もしかしたら，成長するかも」といった妙な期待感が薄れていく効果があることに気づいた。同時に，東京で尾崎ミオ氏が始めた「みつけばルーム」の活動も，尾崎さん自身の「自分

自身，何も変えることなく，自然に生きてきた」姿に皆さんが賛同してきたから，自然に生まれた活動だと感じている。

裏を返せば，本書の編者である高森明氏や，ASD当事者として当事者の視点から支援を行っている片岡聡氏を見ていると，時々ハラハラすることがある。それは当事者だからではなく，もしかしたら，周囲の人たちが「期待しすぎている」活動になっているからではないか。ところが，本人たちは，こうした周囲の期待を感じ取ることが苦手なはずであり，結果的に，本人たちの思いと周囲の期待がどんどんずれてくることになりはしないだろうか（そのことにも気づきにくい特性を持っているのがASDである）。

そうしたリスクを最小限にするためには，次の２点から出発することを勧めたい。第一に，「ただいま」と当事者自身が「自分に戻れる場」に帰ってくる感覚の時間・空間であり，当事者たちが疲れた日常生活や学校・職場生活すべてから解放される場作りを進めることが，今後は重要である。第二に，「今日の気分（疲れ）」に合わせて帰っていける複数の場所（同時に，気分的に「今日は行かなくてもいいや」という選択肢も含めて）を見つけること。ある特定の決まった活動と人間関係のなかでは，どうしても無理を重ねてしまい，強いこだわりや強迫的な行動パターンが生じてくる様子をしばしば経験する。こうした状態を防ぐためにも，複数の活動の場を主体的に選択できるよう準備することが大切である。

そして，このようなソフトスキルの視点を取り入れた自助グループの活用方法を，さらに展開させるためには，「頑張る」ためのソーシャルスキルにこだわっている家族を含めた周囲のサポーターたちも，もっと力を抜くことを覚えるほうが先決だと感じている。

その意味からも，この一冊に報告される自助グループの活動報告をゆったりと読ませてもらい，そこから「期待されない」活動へのヒントをさらに一緒に学んではどうだろうか。

文献

濱田尚志（2007）．自閉症児のための療育グループ「土曜学級」のこれまでの経過について　香蘭女子短期大学研究紀要，50，175-181.

加藤浩平・保田琳（2014）．いただきダンジョンRPGルールブック　コミュニケーションとゲーム研究会.

木谷秀勝・宮崎佳代子・石村真理子（2003）．自閉症児への支援をめぐる新たな動向――「キラキラ☆キッズ」の活動から――　山口大学教育学部附属教育実践総合センター研究紀要，15，239-245.

木谷秀勝・奥原保彦・渡邉真美・宮崎佳代子・石村真理子（2003）．高機能自閉症・アスペルガー症候群への地域支援に関する一考察――「山口県アスペの会」の活動を通して――　山口大学心理臨床研究，3，14-22.

木谷秀勝（2009）．発達障害児への地域・家族支援の可能性を探る――長門市の発達障害児親の会「ブルースター」の活動から――　山口大学教育学部附属教育実践総合センター研究紀要，26，147-155.

木谷秀勝（2013）．子どもの発達支援と心理アセスメント――自閉症スペクトラムの「心の世界」を理解する――　金子書房.

木谷秀勝（2014）．「自己理解」の先にみえるものは？　アスペハート，37，26-30.

木谷秀勝（2016）．思春期・青年期から始める「大人になる・社会に出る」ために必要になってくること　アスペハート，42，8-13.

木谷秀勝・中島俊思・田中尚樹・坂本佳織・宇野千咲香・長岡里帆（2016）．青年期の自閉症スペクトラム障害を対象とした集中型「自己理解」プログラム　山口大学教育学部附属教育実践総合センター研究紀要，41，63-70.

宮崎佳代子・石村真理子・木谷秀勝（2004）．高機能広汎性発達障害児者への地域支援システムに関する一考察――「山口県アスペの会」の活動からの分析――　日本児童青年精神医学会第43回総会抄録集，38.

中原竜治・伊藤弓恵・田中亜矢巳・宮本秀一・久木田由紀子・田中幸治・木谷秀勝（2012）．青年期の高機能広汎性発達障害者の「自己理解」研修合宿に関する一考察　山口大学教育学部附属教育実践総合センター研究紀要，34，121-127.

野邑健二・辻井正次（2006）．アスペルガー症候群児の母親の抑うつについて　厚生労働科学研究費「アスペルガー症候群の成因とその教育・療育的対応に関する研究」平成17年度総括・分担研究報告書.

田中幸治・木谷秀勝（2011）．障害のある子どもをもつ家族への心理臨床的アプローチ――家族ニーズ調査と抑うつ傾向の関連について――　山口大学教育学部附属教育実践総合センター研究紀要，31，147-156.

[2] 支援者がコーディネートする自助グループの実践

柏木理江

1．はじめに──「アスペの会・東京」ができるまで

「アスペの会・東京」は，アスペルガー症候群，高機能自閉症の診断を受けた，主に成人期にある本人（以下，本人または会員）と家族のための自助グループです。1998年に本人や家族どうしが互いに助け合い，心の拠りどころとなることを目標に活動を開始しました。

会が発足したのは発達障害者支援法ができる十数年前，当時まだ世の中のたくさんの人は「アスペルガー」という言葉すら知らなかったと思います。その頃私は勤め先である社会福祉法人嬉泉子どもの生活研究所（子研）で外来相談の担当になったのですが，「大人になって初めてアスペルガー症候群を疑われた」「今まで精神科でいろんな診断名をつけられたが，やっと自閉症にいきついた」「どこに行っても何の情報も支援もない」「二次障害が重くて本人も家族もつらい」「家から出られない，居場所がない」という相談が，なぜか立て続けに来た時期がありました。相談対象者のほとんどは成人で知的な遅れは伴わず，通常級や一般社会で苦労されてきた方たちでした。

家族も本人もみんなが困って途方に暮れていました。私もあちこち探してみましたが，確かに使える支援はほぼ見つかりませんでした。さらにそれまでの私の仕事は知的障害を持つ自閉症の子の支援が中心で，成人アスペルガー症候群の方たちについての知識や経験がお恥ずかしいことに，ほとんどありませんでした。そこで，何ができるかは分からないけれど，みんなで集まって一緒に考え，学んでいく場を作ろう，親や家族が集まって悩みを語りあい，励まし合ったり情報交換ができる場所と，本人たちが集まれるところがどこにもないならそれも作ろう，ということで，「アスペの会・東京」を始めることになりました。

会を起こすにあたっては，辻井正次先生と杉山登志郎先生が主宰されていたNPOになる前の「アスペ・エルデの会」をお手本にしました。アスペ・エルデは子どもが対象でしたが，当時私の知る限りでは唯一の，アスペルガーの親子に向けた療育を謳った場でした。開催場所の岐阜に通って会に参加し，勉強させていただいた甲斐あって，アスペルガーのことや会を運営することについておぼろげながらわかってきましたが，それと同時に，私たちにはアスペ・エルデの会と同じことはできないこともよく分かりましたので，試行錯誤しつつ，自分たちにできることは何かを考えていきました。

2．アスペの会・東京の活動内容

(1)　発足当時の活動

活動は月１回の家族会と本人会から始まりました。当時本人会には，私の勤め先の法人の職員にお願いして，サポート役として入ってもらっていました。

家族会では，毎回親たちのだれかしらが必ず泣いていていました。皆さん一様に「私の言っていることをわかってくれる人に，初めて出会えた」「自分たちだけではないとわかってほっとした」と語っていました。

会員のほとんどは成人になってから診断を受けた方で，未診断，未療育で大人になった方でした。特に会が始まってから10年くらいは，二次的な困難が強くて日常活動に支障があるとか，ほとんど家にいて外出はまれで，人が集まるところに来るのはすごく久しぶりというような方もいました。しかし参加される方の様子を見聞きしていると，たいていの方は好んでどこにも行かず人と会わないというよりも，単にそうできる場所も機会もないし，今までそういう場ではたいていろくなことがないだけでなく，疲れて嫌な思いをする割には何のメリットもなかったからやらないだけで，どうしても人との接触を避けたいというのとは違うらしいということがわかってきました。そこでまずはここが安心していられて，「次もまぁ行ってもいいかな」と思える場所になることを目標に据えました。

そこで，例えば，やることがはっきりしすぎているとついていけないけれど，全く自由にするとかえって何をしていいかがわからなすぎて居心地が悪いということで，大きな枠組みはつくるが，その範疇でそれぞれが個々に自分のペースや調子に合わせて活動できる「緩み」を十分に持たせたり，集団で活動することにはこだわらないが，集団活動の場面は設定し，入りたくなったらいつでも入れるような隙をたくさん作るような工夫をしてみました。

また人とのコミュニケーションについても，避けているというよりはうまくいった経験が少なかったり，慣れていなかったりしたせいでぎくしゃくしがちなのではと感じたので，スタッフとの間で１回の時間は短くても，自分が発したメッセージや言葉が相手にきちんと理解され伝わっている手ごたえや，適切なリアクションを得られた経験をしてもらえるような対応になるよう，心がけてみました。

このように初めのころは，私自身がこうした成人の方の集まりについてはっきりしたイメージが持てていなかったり，調子が整わない会員も多かったこともあり，支援的要素の強いアプローチを意図的に取り入れていました。その際のノウハウについては，私自身が自閉症児の通所施設や療育の現場で培った経験や知識が軸になりました。

(2) 現在の活動の様子

現在も活動の中心は『例会』と呼んでいる月１回の集まりで，「家族会」と「本人会」(「サロン」と呼んでいる会員である当事者本人の居場所）を行っています。「サロン」にはスタッフと呼んでいるボランティアが毎回数名ずつ参加し，活動に必要な準備や会員のサポートをしています。スタッフは福祉，心理，教育など様々な現場で働いている人や学生，会の活動に関心のある一般の方です。

会の活動全般を支える庶務，つまり会計や諸手続き，家族向け勉強会の準備など事務的なことについては，家族会の方たちの中から選ばれた数名の役員が中心になって執り行っています。

会は登録制で会費もいただきますが，例会へ参加する際の事前予約は必要ありません。具合が悪くて当日まで行けるかどうかわからない人や，行くと決め

表5-2-1 『サロン(本人会)』の一般的なスケジュール（2019年現在）

13：00	スタッフ集合 会場の準備とセッティング（早めに来た会員にも手伝ってもらう），スタッフミーティング（進行や予定の確認，役割分担など）
13：30	会員の集合 ※14：00までは各自自由に過ごす。
14：00	全体ミーティング 出欠確認，見学者や新規会員の紹介，今日の予定と先の予定の確認，買い物係を決める，その他連絡事項等
ミーティング終了次第	グループ活動開始（自由参加） ※参加しない人は自由に過ごす。
16：00	ティータイム
16：30	掃除，片付け，終了し次第順次帰宅
17：00	スタッフミーティング

るとプレッシャーで来られなくなる人もいるためです。

グループ活動は会員の意見や希望も聞きつつ，グループをリードするスタッフができることや得意なことを中心に構成しています。エンカウンターとTRPG（テーブルトーク・ロールプレイングゲーム）は，この数年の人気定番活動です。ワークショップグループでは，例えばお菓子作り，手芸，コラージュ，ちぎり絵，コミュニケーションゲーム等を行っています。いずれの活動も自由参加で，途中での出入りも自由です。「サロン」と同じ時間帯に，家族は別室で話し合いや情報交換などを行っています。

例会以外の活動には，年数回のイベント（日帰り旅行，ランチバイキング，バーベキュー，クリスマス調理会など）や，不定期で家族向けの学習会を行っています。

終了後のスタッフミーティングでは，その日の活動の振り返りをし，気になる点を報告して検討したり，先の予定の確認，必要事項の決定などを行っています。スタッフが会員たちを深く理解し，円滑に「サロン」を運営していくためにも大事にしている時間です。

発足して20年以上となった今でも，「安心していられる場所であること」という基本的な考えは変わっていません。ただ最近では落ち着いて自主的に活動できる方の割合が増えたので，サポートの内容も少しずつ変化してきています。今でもスタッフは，具合が悪い方がいれば見守りしたり，必要に応じて１対１で話もしますが，会が始まった当初に比べると，サポートのイメージは支援的というよりも，会員どうしの会話ややり取りの交通整理，仲介，通訳などが多くなってきています。

３．当事者による自助グループが増えている中で思うこと

発足当初，「所属先のない未診断・未療育の成人が多く集まったので，本人向けの『サロン』をやります」と言ったら，多くの人が「それはあまりに無謀だ」と思ったと，後になって聞かされました。私は通所施設で働いてきたので，当事者会なのに親が主体というのがピンと来なくて当然と思って「サロン」を始めたのですが，知らないというのは恐ろしいもので，当時世間一般では，それはかなり思い切った試みだったようです。中には面と向かって「自閉症の人たちは集団で活動することを求めていない，そもそも集団には合わない人たちなのだから，わざわざ余暇時間にまで集う場を作る必要はない」「もう大人になってしまった人たちにできることはない」と言う支援者もいました。そんな調子でしたから，当事者による当事者のための自助グループなんて夢のまた夢。20年前というのは，そんな時代でした。それが今では，当事者主体の会は決して珍しくなくなりました。その陰には本人さんたちの並々ならぬ努力と頑張りがあったからに違いないと，頭が下がる思いです。

いつの間にやら古参の部類に入ってきた「アスペの会・東京」の活動スタイルは，達成すべき活動目標のようなものがなく，ただそこに居場所があるという感じですので，中には「アスペの会・東京の活動はぬるすぎて物足りない」「過保護で管理的で，利用者の自主性や主体性が発揮されにくい」と評する人もいます。確かに，目標を達成することにしばられないからこその居心地の良さはあると感じますが，目玉となる大きなイベントがない分，活動が失速した

りマンネリ化したりしやすく，モチベーションの維持が難しい点は否めません。となると，当事者主体の自助グループが主流になりつつある今日において，当会の存在意義はどこにあるのだろうと考えることがありますが，わざわざ当会を選んで利用する人の中には「スタッフがいるので安心できる」「自分の状態に合わせて，無理なところはゆだねられる」「頑張りすぎなくても参加できる」というメリットを挙げる方がいます。そのような意見を聞くと，自分がごく当たり前に話している言葉が普通に通じ，自分の健康的な部分に注目してくれる人たちがいる場所に身を置き，理解されることで得られる安心感がもたらす効果は，想像以上に大きいのだろうと感じます。支援者主体の自助グループの良さは，そのあたりにあるのかもしれません。今後はそのメリットと，支援者はいるけれど支援機関がやるのではなく，自助グループという形態をとっているからこその制約の少なさ，例えば，何らかの達成せねばならない目標や計画のようなものにしばられる必要がないといった自由度の高さをうまく使った活動の形をさらに探っていきたいと考えています。

４．会をここまで続けて来られたのはなぜか？

さて，今まで続けてこられたのには様々な方の協力があってこそですが，改めてその理由を考えてみると多少のポイントがあるように思いましたので，次にいくつか挙げてみたいと思います。

(1)　庶務などを手伝ってくれる協力者を得るか，抱えられる範疇にとどめること

会の活動にまつわる庶務を忘れずにきちんとこなしていく人がいないと，主催する人の消耗ががぜん激しくなります。自助グループの運営には，お金の管理や諸連絡，書類の提出，見学者への事務連絡等々，扱う規模は小さいしさほど複雑ではなくても，「ちょっとした，だけど必要なこと」が常にこまごまと散在しており，それらを忘れずにきちんと，期限に間に合うよう遂行することが大切になってきます。当会の場合は活動が始まって数年経った頃に，これら

の庶務のかなりの部分を家族会の方が引き受けてくださいました。

特定の人が庶務を抱えて消耗していったことで，活動が停滞する自助グループが結構見受けられるのですが，だいたいにおいて私はそのような業務をこなすのには絶望的に不向きであり，抱え込むことすら不可能でしたので，早い段階で家族会の方が引き受けてくれたのは本当に幸いでした。おかげでスタッフもサロンの運営に集中できています。

発達障害当事者には，庶務下手な人が多いと聞きます。反対に言えばここを押さえられれば，結構やっていけるとも言えそうです。誰か引き受けてくれる人がいるとか，手に負えない量の庶務が発生するような活動の形にしないとか，この「一見大事そうには見えないけど肝の部分」に気を付けるだけで，続けていける会が増えるのではないかと思います。

(2) 安心して利用できる活動場所が確保できていること

活動場所で行き詰まる会の話も意外とよく聞きます。毎回集まれる決まった場所があると，集まる習慣ができやすく活動が定着しやすいと感じます。また，パニックがあったり状態が不安定な方が参加する可能性が高い活動では，それなりの設備や理解がしっかりしている会場があることで，運営する方の負担や安心感が断然違ってきます。

当会の場合，私の勤め先である社会福祉法人嬉泉の生みの親である故石井哲夫先生が，この会のことを理解してくださり，嬉泉の施設を活動場所として貸してくださいました。少数先鋭のスタッフでやらねばならないときには「設備の整った安全な場所」は絶対条件，場所がなければ倍以上の人材が必要と，仕事の経験で感じていましたので，嬉泉が場所を貸してくれるとわかった時，「サロン」をやっていく目処がついたと思いました。故石井先生や法人のご理解には深く感謝しています。

(3) 自分たちのできる範囲を明示すること

例えば非常に状態が不安定などの理由で対応が難しい方とのやり取りがあったり，多くの人の希望をできるだけ取り入れて活動していこうと考えると，自分たちの力や許されている時間の範囲では手に負えないシーンがどうしても出てきてしまいます。そこで無理をしてしまうと対応だけに追われてしまい，本来の活動に大きく支障が出てしまいますので，初めから自分たちにできる範疇についてきちんと決め，それを利用する方に明示することが必要です。そこの線引きがあいまいなために，活動に支障をきたしている会があります。私たちの場合，受け入れられる範囲について会則にし，利用を希望される方に必ず理解を求めるようにしています。

⑷　相談できる人を確保すること

上記のようなことがあった時にアドバイスをくれたり，客観的な意見をくれる人とのつながりがあると，とても大きな助けになります。支援機関や関係機関の方などに，相談役や顧問になってもらっている会もあります。

当事者が会を運営していくとき，「いかに運営する側の消耗を減らすか」は大事な視点だと思います。ちょっとした細かいところの工夫で，まめに省エネしていくことは長続きさせるポイントになると思います。

５．これまでの自分たちの活動を振り返って思うこと

会を始めた時に，何がどうなるか全くわからなかったけれど，一つだけ決めたことは，「とにかくできるだけ長くやろう」ということでした。支援機関や学校には支援計画や達成目標があって，ある程度の期間に何かしらが成されていることが求められます。それはそれでとても意味があることですが，当然のことながら，決められた期日に決まった形にするのがどうしたって無理なことや，ゆっくりでないと変わりようがないものもあるわけで，それを待っていてくれるところが，その人の周りに一つや二つはあった方がいいんじゃないかとも思うのです。

また大人は子どもと違って，その方と初めてお会いしたときにはすでに，それまでに各々培ってきた長い歴史を携えていています。ですから大人の方たちとの関わりにおいて，そういう背景も含めて理解し合い，その上で生じる変化を喜びあったり，新たな体験を共有したり楽しんだりするには，長く時間をか

けてゆっくり付き合っていくやり方が向いています。そのようなある意味贅沢な時間の使い方が許されるのが，自助グループの最大の良さだと感じます。

長く続けるためにはやめてはいけないので，やめないためには自分の手に余るようなことはしない，大きすぎることには手を出さない，欲張らないで身の丈でできることだけをしようと意識してきました。そう考えると，初めに目的がないと書きましたが，強いて言えば「会を継続していくこと」自体が主目的と言えるかもしれません。

当会には大きな達成目標のようなものがなく，ただそこに居場所があるだけです。続けていくこと自体に意味があるとはいえ，そうしたやり方だとどうしても活気に満ちた感じにはならず，変化に乏しい平坦な雰囲気になります。それが持ち味とも言えますが，これでいいのかなと思うことが何度もありました。そんな時，当会の10周年記念誌に，東京都自閉症協会副理事長の尾崎ミオさんが，「アスペの会・東京には，私たちが子どもの頃，昔からずっとそこにあることが当たり前だった学校の近くの駄菓子やさんのような，そんな存在でいてほしい」と書いてくれたことがありました。そう言われてみると，当会は他のいろいろな当事者グループの中では，「おばあちゃんち」のような位置に近いところにあるのかもしれません。

私のイメージする「おばあちゃんち」というのは，どこかちょっと世の中と時間の流れが違うというか，いつ行っても大して変化がなくておんなじようで，ある意味スキだらけで，でもだからこそ戻ってこられるスキもある。何かすごく頑張っているわけでなくても，自分が自分であればそれで十分というか，そのことだけで普通に受け入れてもらえるところという気がします。私たちの会はまだそこまでの境地には至っていませんが，そんな居場所になれたらそれはそれで，存在価値が上がるかもしれません。

6．おわりに
――「自助グループ界のおばあちゃんち」のような存在として

アスペの会・東京は約20年前，まだ発達障害当事者の自助グループがなかった時代に，本人と家族のとりあえずの居場所になれたという意味では存在意義がありました。現在は自分たちで活動できる当事者が作った場ができ，内容も精査されてきて，あとに続く人たちも続々と出てきて，私たちのとりあえずの居場所になるという目的は十分達成されたと思います。

まだ自助グループが数えるほどしかなかった頃，他の自助グループの人たちと「いつかもっといろんなタイプの自助グループができて，利用する人がその時々のニーズや気分で使い分けられる日が来るといいね」と話し合ったことがありました。それがいま，当事者の皆さんの努力や世の中の変化にともない，それに近い状態に近づきつつあると感じます。そのような中で，当会としては自分たちの持ち味を生かしつつ，これからも「自助グループ界のおばあちゃんち」として，その流れの一端に参加し続けられたら嬉しいと思います。

［3］学齢期の計画的グループから 青年期以降の主体的な余暇グループへ

日戸由刈

1．はじめに

学齢期の発達障害の人たちに対するソーシャルスキル指導では，しばしばグループ活動が手段として用いられている。例えば横浜市立小学校の情緒障害通級指導教室（以下，通級教室）では，学年と課題をつり合わせた小集団を構成し，年間を通してソーシャルスキル指導が行われる。通常学級を模したシンプルな場面設定は，発達障害の子どもが日常場面を円滑に過ごすために必要なスキル習得にとって，効果的な手段と考えられている。本稿では，指導効果を高めるため計画的に構成されたグループを「計画的グループ」と呼ぶ。

計画的グループは，同世代かつ同じ特性を持つ者同士で構成され，一定期間集う機会が保障されているにも関わらず，そこで出会った発達障害の子ども同士が親しくなり，日常場面でも関係を続けるということは，ほとんどみられない。支援者や親の多くは，できれば定型発達の子どもと友人になってほしいと望んでいるように思われる。では，当の本人はどう感じているのだろう。

本稿では，自閉症スペクトラム（以下，AS）の仲間づくり支援について述べる。仲間とは「同じ所属内でやりとりができる相手」，友人とは「所属を超えて，連絡を取り合い，外出を共にする相手」という意味で用いる。

２．学齢期の計画的グループにおける，仲間・友人づくりの難しさ

⑴　仲間・友人づくりへの関心の芽生えの遅さ

Ａさんは小学校２年生。幼稚園の頃から集団活動になじめず，療育センターで AS と診断，就学後は通常学級に在籍し，通級教室に通っていた。メンバーは同学年の６名，ロールプレイを通じて楽しくソーシャルスキルを学んだ。ときには，校外学習で買い物や会食も経験した。通常学級では定型発達の同級生のペースについていけないことの多かったＡさんだが，通級教室では対等な仲間関係を楽しみ，いきいきとした姿がみられた。３年生になり，学校から親へ「通常学級での学習のペースに慣れてきたようだから，通級教室はもう必要ないでしょう」と伝えられた。親は，毎回の通級を楽しみにするわが子の姿が頭をよぎったものの，授業を抜けることのデメリットを考え，この判断に従った。Ａさんは「ふ〜ん」と言うだけで，それ以上の反応はなかった。その後Ａさんは，通常学級で同級生から孤立するようになった。親がＡさんを元気づけようと，「通級教室のみんなにまた会いたいね」と投げかけたところ，Ａさんはメンバーの名前をひとりも覚えていなかった。

ASの人たちのこうした仲間や友人関係に関する独特な認識の持ち方については，2000年代より研究が行われている。欧米の小学生を対象とした研究では，定型発達児は友人関係について「共に行動」，「いつも一緒」，「親しい気持ち」という３要素で語る割合が高かったが，AS児では「共に行動」の要素に偏っていた（Bauminger & Kasari, 2000）。一方，高校生を対象とした研究では，ASの人たちもこの３要素で語るようになっていた（Locke, Ishijima, Kasari, & London, 2010）。このことから，ASの人たちは特定の相手と「いつも一緒にいたい」，「親しくなりたい」という気持ちの芽生える時期が，定型発達の人たちに比べてかなり遅い可能性が考えられる。

(2) 葛藤場面に耐えられない，という特性

Bさんは小学校4年生。就学して以来，授業中じっと座っていられず，些細な勘違いからカッとなって級友に手が出ることが多かった。学校から勧められ，地域の療育センターを受診し，ASと診断された。親が子どもの特性を理解することを目的とした，短期の「学童グループ」に親子で参加した。メンバーは同学年の4人で，子どもには放課後に週1回，ゲームなどの活動が行われた。Bさんは楽しく通っていたが，活動3回目に「次回やりたいゲーム」の話し合いで自分の意見を一方的に主張し，意見が通らないと「こんなところ，二度と来るものか！」と叫んで退室してしまった。その後，支援者と親の説得により最終回までグループには通ったが，感想を聞かれると「このメンバーとは二度と会いたくない」と答えた。他のメンバーも，グループの険悪な雰囲気にうんざりした様子であった。

話し合いなどの葛藤場面は，定型発達の子どもにとっては自分と他人の違いを認識し，多少のストレスを乗り越えてでも仲間同士の関係をつなごうとする態度（斉藤，1992），言い換えれば“合意を尊重する態度”の形成を促すと考えられる。発達障害の学齢児を対象とした計画的グループでも，葛藤課題を指導内容に取り入れることが多い。一方，ASの人たちは認知特性として「中枢性統合の不全」（Frith, 1989）を持つために，複数の要素に同時に注目して全体の意味を捉えることが難しく，その反面ひとつの要素に注意や関心が焦点化されやすい。

葛藤場面でAS学齢児は自分の意見や思いにばかり注目するあまり，目的や周囲の反応を見失い，対等かつ“お互いさま”の関係を築くことが難しくなる。とくに同じ特性を持つAS同士での小集団では，定型発達の人たちであればやり過ごすような事柄にも各自がこだわって，かえって衝突やトラブルが起こりやすい。この問題は，年齢が低ければルールや勝敗，順位へのこだわり（“一番病”），年齢が高ければ個人的な興味関心や主義主張を押し通すなど，ライフステージを通じて形を変えて存続すると考えられている（本田，2013）。

３．学齢期の計画的グループが青年期以降の友人づくりに影響する可能性

AS本人にとって，同じAS，発達障害の仲間はどのような存在なのだろう。筆者らは，幼児期に横浜市の療育センターを受診し，知的遅れのないASと診断され，成人期まで利用を続けた12名の追跡調査を行った（日戸ら，2017；日戸ら，2019)。12名は，小学校期まではほとんどが通常学級に在籍し，半数以上が通級教室に通っていた。中学校期以降は，特別支援学級から高等特別支援学校や特別支援学校高等部というコース（以下，特別教育コース）と，通常学級から高校，大学や専門学校というコース（以下，一般教育コース）に，約半数ずつわかれた。

いずれのコースでも，欧米の先行研究と同様に，ASの人たちが友人をつくった時期は遅く，多くが中学校から高校であった。また，学校教育卒業後，特別教育コースでは多くの者が就労し，発達障害の友人を持っていた。一般教育コースでは多くの者が在学中から不適応となり福祉的支援を受けていたが，就労し定型発達の友人を持つ者が少数ながら存在した。青年期以降に友人を持つことと良好な社会的転帰の間には，何らかの関係がある可能性が考えられた。

さらに興味深いことに，青年期以降に友人を持つ者のほとんどは，小学校から中学校の時期，共通して発達障害同士の計画的な余暇グループへの参加を続けていた。一般教育コースで定型発達の友人を持った者たちも，小学校期には発達障害同士での余暇グループに楽しく参加していた。そして，中学校以降の時期に発達障害のメンバーに違和感を覚え，自分の判断で参加をやめ，定型発達の友人と関係を築くようになっていた。

このように，特定の相手との仲間・友人づくりへの関心や意欲の芽生えの遅いASの人たちにとって，学齢期に同世代の仲間と対等な相互交渉の成功体験を積み重ねることは，青年期以降に彼らが関心や意欲を持って能動的に友人をつくるための“基盤”づくりになるのではないか。計画的グループには，進め方次第でこうした効果が十分に期待できると筆者は考えている。もちろん，余暇グループの利用にあたっては，「わが子が仲間関係を楽しめる場を，地域に

用意してあげたい」という親の認識や態度も影響していたと考えられる。ASの仲間づくり支援では，親支援も重要な要素となる。

4．計画的グループが仲間・友人づくりの基盤として機能するための方法

ASの人たちにとって，学齢期の計画的グループが青年期の仲間・友人づくりの基盤として機能するためには，何を，どのような手順で進めればよいか。筆者らはかつて横浜市の療育センターで，『COSST〈コスト〉』と呼ばれる仲間づくり支援プログラムを開発した（日戸ら，2005)。ASの学齢児に対して，指導場面で仲間づくりへの関心や意欲を促し，地域での余暇活動を通じて関係の維持や発展を図る，という２段階の支援を行っている。

(1) 仲間と楽しむ経験と，そのために必要なスキル学習の支援

COSSTの第１段階は，療育センター内で行う短期の計画的グループである。ASの子どもたちが人と活動や興味を共有して楽しむ経験を持ち，同時に仲間と一緒に楽しく活動するために必要なソーシャルスキルを学ぶことをねらいとし，『社会性とマナーの教室』と呼んでいる。知的水準や症状がほぼ同じで，共通の興味を持つ小学校高学年を選んで集団化し，実施する。

主な課題のひとつは，スタッフの主導によりそれぞれの子どもが持ってきた自分の興味ある具体物を順番に見せ合うことである（『趣味の時間』プログラム)。互いの関心事を共有し，それを題材とした相互交渉を楽しみながら，それぞれ物を介してメンバーへの関心を高めていく。スタッフはモデル呈示を通じて会話スキルを教える。また，タイマーを用いて，全員が順に同じ時間ずつ発表することで，対等で“お互いさま”の関係をわかりやすく体験させる。

さらに，ASの人たちが青年期以降に持続的な友人関係を築くためには，合意を尊重する態度の形成も必要となる。別の課題として，教室の休み時間に皆で飲むジュースを，話し合いで４種類からひとつ決めることに取り組む（『４つのジュース』プログラム)。この時間はスタッフが主導せず，子どもと横並

びになって話し合いの進行を脇からサポートする。子どもには視覚的教材を用いて話し合いの趣旨や手順を教える。話し合いの進行は「話し合いボード」を用いてリアルタイムに視覚化し，注目と理解を促す。葛藤状況への対処方法も，モデル呈示を通じて具体的に教える。これらの指導により話し合いの成功を繰り返し体験させることで，子どもへ合意を尊重する態度の形成を図る。

これらの手続きの詳細は，日戸（2013）を参照してほしい。

(2)　親への支援

『社会性とマナーの教室』で子ども同士が楽しそうに相互交渉をする場面を参観し，違和感を持つ親は少なくない。多くの親はASの子どもとは興味の持ち方が異なるため，『趣味の時間』など，型にはまったシンプルな活動を子どもたちが大いに楽しむ理由が理解しがたいのも当然かもしれない。スタッフは親に共感しながらも，AS特有の認知特性や興味の持ち方に沿った配慮の必要性や，ASの子ども同士による仲間づくりの意義について説明する。

仲間・友人づくりへの関心や意欲の芽生えが遅いAS学齢児は，教室場面でメンバー同士が親しくなっても，その関係を自力で維持・発展させることには限界がある。学齢期のASの仲間づくりでは，少なくとも最初の数年間は地域・周囲でのサポート体制が必要と考えられる（日戸ら，2010）。

その際，親は本人にとって最も身近なサポーターになりうる。ただし，親に求める役割は，本人に日常的なスキルを随時教える指導者の代替ではない。AS本人の主体性を尊重しながら，同時に子どもの持つ認知特性を補完し，子どもに合った余暇活動の場を開拓し，その後の子ども同士の関係を脇から支える“黒子（くろこ）”の役割であることを，親に十分に理解してもらう。

(3)　余暇活動支援

COSSTの第２段階は，指導場面で芽生えた仲間関係を，学んだスキルや態度を活用しながら維持・発展させることをねらいとして，療育センター外で行う余暇活動支援である。地域でのさまざまなサークル活動に対して，スタッフが黒子となって脇からサポートする方法や，小集団活動が苦手なASの学齢児や青年たちでも参加できるイベント・プログラムを開催する方法をとっている。

①　サークル活動型の実例

サークル活動では，ASの人たちの焦点化された興味に沿って，５～10名程度の固定メンバーによる定期的な会合が行われる。人間関係の密度が濃い分，本人たちへの精神的効果が期待される反面，葛藤場面も多い。「趣味のサークル」や「ダンス・サークル」，「ボランティア・サークル」などがある。

「趣味のサークル」には，鉄道など特定の分野に関心のあるASの青年が集っている。公共施設のフリースペースなどで会合が持たれており，青年たちは，『趣味の時間』で学んだ会話スキルを活用しながら趣味にかんするやりとりを楽しんでいる。各自が思い思いのグッズを持ち込み，それらについて発表しあう。会の進行は自分たちで担い，『４つのジュース』で学んだ話し合いスキルを応用しながら，発表の順番や次回の予定などを決めていく。スタッフは毎回の会合に参加はするが，進行についてはできるかぎり傍観するにとどめている。

「ダンス・サークル」は，もともと発達障害の小学生女子を対象としたダンス教室から始まった。この教室は障害者スポーツ文化センターが主催し，療育センターが支援している。高学年中心と低学年中心の２クラスあり，高学年クラスでは，子ども同士が話し合いを通じて自分たちで振り付けを決めるプログラムも行っている。毎年教室の最終回には，家族や学校の教師を招待して発表会を開催する。会場準備と後片付け，舞台での挨拶などの役割を各自が分担し，仲間との協調性や舞台上での社会的なふるまいを学ぶ機会としている。子どもたちはドレスアップして練習の成果を披露し，達成感を仲間と共有する。小学校を卒業すると教室は終了となるが，一部の親同士の運営によって私的なサークル活動が続けられている。

「ボランティア・サークル」は，小学校高学年以上で自分の将来に関心を持ち始めたAS学齢児を対象としている。療育センター利用児を対象とする年間行事やイベント・プログラムなどで，裏方としてスタッフと一緒に準備や片付けの仕事に参加する。スタッフからは仕事に対する心構えや，行事に参加する人たちへの態度やマナーについて指導を受ける。参加する中学生，高校生の中には自分の障害について関心を高める者もいる。ボランティアを通じて同じ障害のある子どもを観察したり，その親に関わったりすることは，彼らが自分自身や自分と家族との関係を考えることにも役立つようである。リピーターとなって参加する高校生同士が連絡を取り合うようになり，ボランティア活動終了後はカラオケなどの余暇活動を自分たちで楽しんでいる。

これらのサークルの中には，結成後10年以上が経過し，本人たちの自主性と協調性にまかせた活動が可能となり，スタッフの出番がほとんど必要なくなったサークルもいくつかみられる。メンバーは社会人になった後も年数回の集いを続けている。一般教育コースの人たちと特別教育コースの人たちが活動を共にし，共通の興味を介して対等にやりとりしているサークルもある。

興味深いことにこうしたサークルでは，メンバーの何人かは成人期に趣味を介して休日を共に過ごす発達障害や定型発達の友人を他に持っていた。一般教育コースだった人の中には，療育センターで知り合った他の発達障害の友人とさらに別のサークルを形成する者もみられた。特別教育コースだった何人かは，日常的に定型発達の友人や会社の同僚と趣味や飲み会を楽しんでいた。これらは先ほどの追跡調査よりも一歩進んだ転帰と言えよう。ASの人たちに学齢期から青年期にかけて同世代の仲間と対等な相互交渉の成功体験を保障することは，彼らが年齢とともに，地域の中で仲間や活動の範囲を少しずつ広げていく長期的な基盤となっているかもしれない。

②　イベント・プログラム型の実例

ASの人たちの中には，小集団という濃密な人間関係を通じた支援になじまない者もいる。イベント・プログラムでは，こうしたASの人たちに対して，共通の興味を介した楽しさの共有や，仲間意識や連帯感など“ゆるやかなネットワーク”の形成をねらいとしている。

「鉄道大イベント」は，鉄道クイズ大会とNゲージ展示で構成される。参加者は療育センターを利用する鉄道好きの小学生以上である。開始前にスタッフが，参加のルールやマナーについて視覚的教材を用いて説明する。そのため，たとえ難易度の高いクイズが出題されても，Nゲージを眺めるベストポジションが混み合っても，子どもたちは“一番病”になることなく，皆で一緒に楽しく参加を続けられる。

「芸術まつり」は，絵画，書道，工作，写真などの展覧会である。出品者は，療育センターを利用する創作活動に興味のある小学生以上である。展覧会の観客は，気に入った作品の感想をメッセージカードに記入する。会期終了後には出品者の集いの場を設け，出品者がひとりずつ感想を述べ，メッセージ集が贈呈される。当初，親やスタッフに勧められてしぶしぶ出品していた子どもたちも，メッセージ集を通じて自分の作品のよいところを具体的に承認されると，自信を持ち，翌年の出品を楽しみにするようになる。10年以上にわたって，毎年リピーターとして出品を続けている青年や成人も見られる。

ASの人たちの多くは，限局した関心事について突出した興味や膨大な知識，ユニークでオリジナリティの高い発想などを持っている。これらは本来，他人から「よく知っているね！」，「すごい！」などと称賛され，高く評価されるべきものである。ところが彼らは，自分の興味について，相手が関心を持って耳を傾けてくれるようなやり方で共有することが難しい。このため，自分のこだわりについて周囲から称賛の言葉や高い評価を得る体験が乏しく，せっかくの才能を自ら価値づけできていない。これらのイベント・プログラムは，家族や，スタッフ，展覧会の観客などから，自分たちの知識や特技，発想のユニークさについて感心・承認され，高い評価を得ることで，「自分は，これでOKなんだ」という肯定的なアイデンティティ形成を促す効果も期待できる。

5．計画的な余暇グループから，より主体的なサークル活動へ

仲間づくり支援において，AS学齢児に対等な仲間関係の成功体験を持たせることで，なかには地域の中で友人をつくった者，本人たちの自主性と協調性にまかせたAS同士でのサークル活動が発展・定着した者がみられた。しかし多くの場合，AS同士でのサークル活動で彼らが自分たちの計画を適切に吟味し，互いに調整し合い，終始独立して活動を取りまとめることは，長期的な支援を通じてもなお難しかった。メンバー同士で物事を決める際の話し合いの習慣は定着しても，優先順位がつけられず，些細なこともすべて話し合いで決めようとしたり，話の本筋を見失って脱線し，収拾がつかなくなったりすることがしばしば生じる。サークル活動を本人たちだけで維持・発展させることには限界があり，黒子となって脇からサポートする形での継続的な支援が今後も必

要と考えられる。現在，いくつかのサークル活動では親がサポーター役となり，専門家の助言を受けながら運営を続けている。

一方，長期的な支援によってASの青年たちに得られた効果は，メンバーそれぞれの精神的な成長と，仲間関係による心理的な基盤づくりにまとめられる。

例えばあるサークルでは，結成当初，各メンバーの日常生活は必ずしも順調とは言えず，かなり危機的な状況にある者もいた。しかし現在，全員がそれぞれのやり方で一般社会に参加し，自分に対して肯定的な感情を持っている。仲間同士の発言やふるまいに影響を受け，知識やスキルだけでなく，就労や人生設計に向けた価値の形成も図られている。これらは，メンバー同士がピアカウンセリングやメンタリングを自然と行ったことによる効果と考えられる。

また，特有の認知特性を持つ彼らは，一般社会に参加はできているものの，さまざまな支援を必要とする。地域での定期的な会合は，メンバーにとって対等で“お互いさま”の関係を体感することのできる，貴重な場となっているようである。われわれが外国で生活する場合も，その国の文化や風習に合わせてふるまおうとしながら，同時に日本人同士でもつながって安心と活力を得ようとする。同じことは，一般社会で生活するASの青年たちにも言えるのではないか。サークル活動を通じて築かれた仲間・友人関係は，彼らにとって一般社会への統合を支える心理的な活動拠点となっているかもしれない。

最後に，ASの人たちが青年期以降の余暇活動で最小限のサポートにより主体性と協調性を十分に発揮することのできた背景には，親を含めた支援者が，リーダー役から黒子となってサポートする役へと，役割を転換させた効果も大きかったと考えられる。現在もなお，ASの人たちの余暇グループにおいて支援者が黒子となってサポートしている活動は，全国的に見てもそう多くはないように思われる。ASの人たちにとってより主体性の保障されたサークル活動の実現には，支援の段階に応じた支援者の役割転換が重要であることを強調したい。

文献

Bauminger, N. & Kasari, C. (2000). Loneliness and friendship in high-functioning children with autism. *Child development*, 71(2), 447-456.

Frith, U. (1989) *Autism: Explaining the enigma*. UK: Basil Blackwell Ltd.（冨田真紀・清水康夫（訳）（1991）．自閉症の謎を解き明かす　東京書籍）

本田秀夫（2013）自閉症スペクトラム――10人に1人が抱える「生きづらさ」の正体――　SBクリエイティブ．

Locke, J., Ishijima, E. H., Kasari, C., & London, N. (2010). Loneliness, friendship quality and the social networks of adolescents with high-functioning autism in an inclusive school setting. *Journal of research in special educational needs*, 10(2), 74-81.

日戸由刈，清水康夫，本田秀夫，萬木はるか，片山知哉（2005）．アスペルガー症候群のCOSSTプログラム――破綻予防と適応促進のコミュニティ・ケア――　臨床精神医学，34，1207-1216．

日戸由刈，萬木はるか，武部正明，本田秀夫（2010）．アスペルガー症候群の学齢児に対する社会参加支援の新しい方略――共通の興味を媒介とした本人同士の仲間関係形成と親のサポート体制づくり――　精神医学，52(11)，1049-1056．

日戸由刈（2013）．第6章　地域の中の余暇活動支援でできること――小・中学生のいま，家庭と学校でできること――　本田秀夫・日戸由刈（編著）アスペルガー症候群のある子どものための新キャリア教育　pp.96-114　金子書房．

日戸由刈・本田秀夫・原郁子・藤野博（2017）．知的発達に遅れのないASD児者の友人関係にかんする追跡調査――地域療育センターを幼児期から成人期まで利用した12事例の場合――　LD研究，26(4)，464-473．

日戸由刈・藤野博・原郁子・本田秀夫（2019）．ASD児者の仲間・友人関係に関するライフステージを通じた臨床的検討――発達障害同士の集団への所属歴が社会的転帰に及ぼす影響――　東京学芸大学紀要総合教育科学，第70集，499-509．

斉藤こずゑ（1992）第Ⅱ章　仲間・友人関係．木下芳子（編著）新・児童心理学講座第8巻　対人関係と社会性の発達　pp.31-82　金子書房．

［4］親の会の活動から始まった 青年期・成人期グループの実践

奥住秀之

1．はじめに

文部省（現：文部科学省）のいわゆる「学習障害の定義」が発表された１年前の1998年。私は，本書監修者の一人である藤野博氏を含めた３名の大学教員と一緒に，特別な支援を必要とする子どもたちの土曜活動の会に支援者として参加することとなった。学習障害などの発達障害の子ども，当時は「軽度発達障害児」と呼ばれていた子どもが，通常学級に少なからず在籍していて，しんどさを抱えながらも，自分らしく，懸命に学んでいることが，少しずつ社会に知られるようになってきたころだった。

この会の発足は，学習障害や注意欠陥多動性障害などの診断を受けた子どもの保護者が，生活や学習上の困難に対する学校以外の場での指導・支援の必要性を強く感じて立ち上げたと聞いている。現在と比べれば，こうした活動は地域の中に本当に少なかった。

当時はこの土曜活動に参加した子どもの多くは小学生で，中学生以上の子どもの参加は少なかった。国語指導グループ，算数指導グループ，集団遊びを中心とする社会性指導グループという３グループに分かれての個別指導・小集団指導，そして全体活動の２本柱を基本とする展開とした。悩みながらの活動づくりだった。

活動の輪が少しずつ広がっていく中で，会に参加する子どもが年々増加していった。当然のことではあるが，子どもの年齢は高くなっていき，青年期と呼ばれる発達段階に入る者がみられ始めた。発足当初からの参加メンバーを中心に，高等学校や特別支援学校高等部という後期中等教育段階に入る者が，一人，また一人とみられるようになってきた。

土曜活動を楽しみにしている点では小学生も高校生も共通していた。けれども，小学生と高校生が常に同じ集団で活動することの限界は，みなが感じ始めていた。活動のめあても違うし，お互いのコミュニケーションだって大きく違う。高校生だけで活動するグループを立ち上げたいという声は，日に日に強くなっていった。

2004年度。振り返れば「発達障害者支援法」が成立した年と重なるが，この年に高等学校と特別支援学校高等部の生徒だけで編成される「高校生グループ」が立ち上がった。その３年後。高校生グループのメンバーが後期中等教育段階を卒業して，ある者は大学へ，ある者は社会人として巣立ち始めた。大学生・社会人グループを，予備的レベルでよいからなんとか始められないか。そんな声が聞こえる中で，試行錯誤を開始したのが2007年度。いわゆる「特別支援教育元年」と，偶然にも一致した。

２．青年期と発達障害

青年期は，子どもから大人への過渡期の発達段階とされ，児童期と成人期の中間に位置している。一般には前期，中期，後期に分類されることが多く，前期は思春期と呼ばれる時期と重なるものでもある。

青年期の入り口である思春期は，初潮や射精といった生殖機能の成熟など第二次性徴の出現により身体的側面は大人に近づく一方で，精神的側面は未成熟なまま，子どもでも大人でもないマージナルな状態にある。第二次反抗期と呼ばれる時期でもあり，第一次反抗期が母親などの身近な特定の大人に向けた反抗であるのに対して，より一般的・抽象的である，社会的権威や権力に反抗の矛先を向ける時期と言われる。

青年期を学校教育段階と関連させるならば，前期が中学校段階，中期が高等学校段階，後期が大学等の高等教育段階と重なる部分が多いのだが，近年は，青年期開始の早期化と，終了時期の遅延という問題が指摘されている。

青年期は自我の形成期と呼ばれるときでもある。自己の発見に苦悩し，自分はどうあるべきかと自己に問いかけ，他者と自己との比較の間に生ずる葛藤や矛盾と向かい合い，それを乗り越えることでアイデンティティを形成していく。

教育学者のルソーが，生命としての誕生と対比させて，自我を形成する「第二の誕生」と呼んだことはあまりにも有名である。

認知機能に制約のある発達障害者は，定型発達者とは異なる青年期の課題に直面する者も少なくない。青年期の開始が遅れる，終了が遅くなるなど，課題克服がより困難になることは十分考えられる。発達障害のある青年が示すいくつかの行動と関連させてみてみよう。

小学校で始まる読み，書き，算数を中心とする学習困難は，学年を追うごとに顕著になる。それに伴い学習意欲が低下していき，学習参加の機会は減少する。中学校での学習にはかなり早期から適応が難しくなってしまう。中学校生活の大部分を占める教科学習における居場所がなくなってしまう。

コミュニケーションや対人関係の困難との関係でいえば，お互いに悩みを打ち明けて話し合えるような心許せる友人関係，部活動など目標を同じにする活動を共に楽しむことのできる集団関係，尊重と愛情が交差する異性関係など，青年期には児童期にはない重要な対人関係がたくさんあるが，これらを適切に築くことが難しい生徒は少なくない。さらには，二者択一的評価が強すぎてしまい，仲間関係の中で自己の主張を変えることができず，活動の参加が制約されてしまう生徒もいる。

小学校のころにみられた障害特性に関係する困難が，適切な対応がなされないままに青年期に突入してしまうことによって，さらに厳しい状態となって表れてしまうのである。一方で，発達障害のある青年も，当たり前ではあるが，青年期を乗り越えて将来自分らしく働きたい，スポーツなどの余暇活動を仲間と一緒に楽しみたい。だれもが輝く大人になる日を期待していると思う(奥住・國分・橋本・北島, 2008；奥住・國分・北島, 2010；奥住・國分・北島, 2011；奥住・池田・平田・國分・太田, 2012)。

意欲的に取り組める活動の発見，自己の未来の想像とその具体化の道筋，夢や希望を共有し共感し合える仲間集団。こうしたことを保障する青年期の充実した活動が絶対に必要だと思った。そうした中，高校生グループが始まった。

3．高校生グループの活動

高校生グループを開始するにあたって，「かけがえのない青年期をなかまと一緒に進んでいこう，その中で自分の将来を見通してみよう」というスローガンを設定した（奥住・北島・小池・藤野, 2005）。端的に言えば，「現在の生活の充実と，未来の人生への期待」である。

支援スタッフは私のゼミに所属する学生数名で，グループのメンバーは例年10人前後という構成である。メンバーの通う学校は，高等学校と特別支援学校とにわかれている。少し話はそれるが，高等学校と特別支援学校高等部は，以前と比べるとその選択肢がはるかに多様化している。都立校を例にとれば，都立高等学校の中には，特別支援などにも重点を置くいわゆる「チャレンジ校」が設置されている。知的障害特別支援学校高等部については，従来の普通科に加えて，企業就労という進路に重点を置く就業技術科や職能開発科を設置する学校がある。

高校生グループの活動では，在籍学校が高等学校でも特別支援学校高等部であっても，同一のねらい，内容，集団で行うことにした。そして，どのメンバーにとっても大切と思われる５本の柱を考案し，これらに関係する内容を活動に必ず含むことを試みた。すなわち，コミュニケーション，自己決定・集団決定，余暇活動，労働（的活動），社会システム理解・社会資源利用である（奥住, 2014）。

これら５本の柱の重要性は説明するまでもないと思うが，中でも特に重視したものは自己決定・集団決定である。利用可能な会場などとの関係もあるため，この回はスポーツ，この回は調理など，各回の活動の枠組みは保護者と学生スタッフとで年度初めに決定する。しかし，各回の詳細については，学生スタッフとメンバーが話し合いを通じて決定していくことを原則とした。次回の活動では，何のスポーツをしようか，どこに外出しようか，どこのファストフードで何を食べようか。

メンバー一人ひとりが自分の活動に対する意見をしっかりと持つこと，その意見を仲間に適切に伝えられること，一方的な主張だけでなく仲間の意見にも耳を傾け共感すること，そしてメンバーの意見や現実的条件などを調整しつつ最終決定につなげていくこと。いわゆる集団的合意形成である。

よく指摘されることだが，発達障害の特性として，自分の意見を適切にまとめたり表出したりすることが苦手である，相手の気持ちを確かめることが苦手である，自分の意見を一方的に主張しすぎて周囲の主張と折り合えなくなってしまう，自分の意見が通らなかったときの感情コントロールが難しくなってしまうなどがある。だからこそ，大人になる直前のこの時期に，仲間との活動を通して，スタッフとともにこうした困難と向き合い，乗り越える機会を設定したいと考えたのである。

実は，このような発達障害児における集団的合意形成は，ソーシャルスキルに関する最近の実践研究のトピックの１つになっている。特に最近注目されているものがテーブルトーク・ロールプレイングゲーム（TRPG）だ。TRPGとは，複数の参加者でテーブルを囲み，紙と鉛筆，さいころを使用して架空の物語を進めていく，ロールプレイの要素をもった対話型ゲームの総称である。社会的相互作用の質と量，自発的な合意形成など，社会的コミュニケーションに対してポジティブな促進効果があることが，貴重な一連の実践研究によって報告されている（加藤・藤野・米田，2013；加藤・藤野・糸井・米田，2012）。

最新の研究では，大学生まで含めた青年期の発達障害者を対象とした実践が報告されており，いくつかの成果が報告されている（加藤・藤野，2016；加藤・藤野，2015）。参加者がTRPGを楽しめたこと，それだけでもじゅうぶん意義がある実践なのだが，活動の効果がそれ以外の側面にも波及する可能性も示唆されていて興味深い。さらには，参加者インタビューもすごくポジティブだ。「コンピュータゲームにはない会話の中のやり取りが面白い」「コンピュータRPGと違って，仲間との会話が自由にできるのが好き」というものさえある。対人関係に困難があるとされている発達障害のある人であっても，不安のない環境で，適切な支援があり，心許せる仲間と興味深い活動に取り組むという場面では，円滑なやり取りやコミュニケーションを行いうる。その事実のエビデンスではないか。

4．大学生・社会人グループの活動

高校生グループの卒業者を対象として，ゆっくりとではあるが歩みを始めた大学生・社会人グループ。高等学校を卒業して大学，短大，専門学校などに進学した学生メンバーと，知的障害特別支援学校高等部を卒業して企業などに就職した社会人メンバー，そして私のゼミに所属する学生スタッフとで構成されている。

高校生グループで活動していたメンバー全員が，大学生・社会人グループにエスカレーター式にそのまま移ることにはしていない。希望しない者もいる。例えば，大学に進学して土曜日に学生サークル活動などがある青年，企業に就職して土曜日が出勤日にあたっている青年がいる。年齢が高くなるということは，それぞれの生活スタイルがますます多様化していくことなのだ。

取り組みたい活動がある者，居場所がある者については，それをさらに充実させることが大切だと思う。でも，発達障害のある青年の中には，そういう居場所を作ることが苦手な者が少なくないのも現実だ。その者たちの土曜日の居場所がほしいというニーズに少しでも応えたいと思った。なので，ボーリングなどのスポーツ活動，お好み焼きなどの調理活動，公共交通を使っての小旅行，地域のお気に入りの風景を撮影した発表活動などで，余暇的活動に重きを置くことにした。

大学生や社会人ともなると，その参加の在り方も高校生のころとはずいぶん変わるというのが印象だ。例えば，お互いへの連絡は，メンバーが中心となってスマホで行う。最初のうちはスタッフの支援は受けるものの，徐々にメンバーだけでできるようになってくる。活動内容では，カラオケの人気が高いように感じる。多くのメンバーは持ち歌がある。アイドルグループやアニメ系が多いようだ。カラオケは，発達障害のある高校生が，卒業後に楽しみにする余暇活動の上位に入っている（奥住・國分・北島, 2011）。

仕事で得たお金でアイドルやロックグループのコンサートに行く青年や，ギターを手に作曲した歌を披露する青年，自分の仕事について仲間に得意げに話す青年もいる。

彼らの親（保護者）はどうだろうか。悩みは継続している，いや，子どもの年齢が低かったころとは次元の違う悩みが生じている。例えば，大学に進学した青年については，授業履修，単位取得，就職など。ここ数年で大学における発達障害のある学生支援がかなり進みつつあるが，まだまだ十分ではないのが現状だ（森脇・奥住・藤野, 2016)。企業就労した青年については，職場の人間関係，雇用の継続，支援制度の活用などの悩みの声があがる。

子どもが学齢期のうちは，同じ学校や学級で，放課後活動などで，保護者同士はつながりやすい状況にある。情報交換もしやすい。しかし，大学に進学したり，企業に就労したりすることによって，そうしたつながりが少しずつ希薄になっていく。関係が切れていく。

だからこそ，親同士が直接顔を合わせて，悩みを話し合えるという側面の意義もまたこの活動はもっている。青年が仲間同士で活動している時間，保護者同士も別の場所に集まって，お互いの悩みを話し，情報交換しているのだ。私も時間の許す限りその集まりに参加する。アドバイスすることもある。子どもが大学生や社会人になっても親の不安は尽きない。親の孤立を防ぎ安心をつくる役割という親の会の原点もこの会はもっているのだろう。

とはいえ，私の思いを語るならば，成人したわが子の現在や将来の不安を，親はいつまで感じ，悩まなければならないのだろう。いつまで社会は親に頑張れというのだろう。子どもは大人としての自立した人生を自分らしく歩み始めた。ここから先，親は，自らの豊かな生活にもっと目を向けてよいはずだ。それが当たり前のことになるまで，成人期の社会的支援はもっともっと充実されるべきではないのか。

5．まとめにかえて

発達障害のある人の自立や社会参加を考えるとき，私は５つの力を大切にしている。１点目は働く力。まずは経済的自立という意義だが，社会的存在の実感と自尊心の向上とも関係する。２点目は余暇の力。余暇は労働と表裏の関係にあり，働くことで得た収入で余暇を楽しみ，自己実現へとつなげるのである。

余暇を選択する力，それにアクセスする力，楽しめる力が大切になる。３点目は暮らす力。３つの暮らし，生活を考えたい。まず最も身近な家庭生活，次に少し広がって地域生活，最後は社会生活である。社会生活はあとに述べる市民の力と重なるところもある。４点目は学ぶ力。学校教育段階が終わっても，一生涯学ぶ意欲を大切にしたい。余暇とつながるところもあるだろう。最後の５点目は市民の力である。権利行使の力と言い換えてよいかもしれない。だれもが幸福に生きる権利があること，そのために必要な支援を受ける権利があることを認識し，行使することである。障害者差別解消法施行により合理的配慮が権利として位置づいた。18歳選挙権の導入などとも合わせ，ますます重要となる視座だと思う。私たちの取り組んできた活動は系統的なものではもちろんない。だけれども，こうした力を育む土壌がきっとあると思っている。

最後に。参加する学生スタッフとメンバーは，年齢的にとても近い。大学生・社会人グループのメンバーの中には，学生スタッフの年齢を超える者も見られ始めた。ここにあるのは，一方が支援する側，一方が支援を受ける側という関係性ではない。スタッフも，メンバーも，どちらもこれからの社会の発展の担い手となる若者であるという事実である。しんどい時代ではあるけれど，お互いが希望を語り合い，未来を思い描き，そして前進する力を，活動から，仲間からもらう。そんな経験のできるちょっと素敵な土曜日になっているのではないかと，自画自賛を承知でつぶやいて，本稿の結びとしたい。

文献

加藤浩平・藤野博（2016）．TRPG は ASD児の QOL を高めるか？　東京学芸大学紀要　総合教育科学系，67(2)，215-221

加藤浩平・藤野博（2015）．TRPGサークルに参加する ASD大学生の語りの分析――余暇活動を通したコミュニケーション支援の観点から――　東京学芸大学紀要　総合教育科学系，66(2)，333-339.

加藤浩平・藤野博・米田衆介（2013）．テーブルトーク・ロールプレイングゲーム活動における高機能自閉症スペクトラム児の合意形成過程　コミュニケーション障害学，30(3)，147-154.

加藤浩平・藤野博・糸井岳史・米田衆介（2012）．高機能自閉症スペクトラム児の小集団におけるコミュニケーション支援――テーブルトーク・ロールプレイングゲーム（TRPG）の有効性について――　コミュニケーション障害学，29(1)，9-17.
森脇愛子・奥住秀之・藤野博（2016）．大学における発達障害学生支援に携わる教職員の実態調査――教職員支援のあり方と担当者の役割についての検討――　臨床発達心理実践研究，11，46-54
奥住秀之（2014）．統合しつつある〈身体〉――余暇としての身体活動　澤江幸則・川田学・鈴木智子（編）〈身体〉に関する発達支援のユニバーサルデザイン　金子書房　217-226.
奥住秀之・池田吉史・平田正吾・國分充・太田綾子（2012）．知的障害特別支援学校高等部生徒における卒業後のスポーツ活動と属性変数　障害者スポーツ科学，10，55-61.
奥住秀之・國分充・北島善夫（2011）．知的障害特別支援学校高等部生徒の現在および卒業後の余暇活動　SNEジャーナル，17(1)，161-173
奥住秀之・國分充・北島善夫（2010）．知的障害特別支援学校高等部生徒における卒業後の労働と余暇に対する期待　SNEジャーナル，16(1)，85-96.
奥住秀之・國分充・橋本真規・北島善夫（2008）．知的障害特別支援学校に通う高校生における卒業後の労働と余暇に対する意識　SNEジャーナル，14(1)，90-107.
奥住秀之・北島善夫・小池敏英・藤野博（2005）．青年期LD，ADHD，高機能自閉症児の休日活動支援　東京学芸大学紀要第1部門 教育科学，56，321-327.

［5］「生きづらさ」の背景に気づかずに育った若年者たちのピアグループ

三森睦子

1．はじめに

「本当に大切なものは目に見えないんだ」と，星の王子さまにキツネは言った。「心で見なくてはよく見えないんだ」と。

目に見えないものは種々ある。「問題行動」は見えるが「なぜそうしたか」理由は見えない。「家庭の中」も見えない。ひとり親やDVや貧困や不登校・ひきこもりや学力不振や……いろいろなものを結ぶ糸も見えない。子どもたちが秘めた「才能」も見えない。「頭の中」も見えない。発達障害も見えにくい。その「生きづらさ」も見えない。

見えないものをどう見るか，それを考えたい。

近年では，発達障害について脳機能からの研究アプローチも進み，理解や受容も広がってきた。特別支援教育を受ける生徒の数も年々増加し，東京都では全国に先駆けて，28年度より全公立小学校に特別支援教室・専門員・巡回相談などが順次導入され，知的遅れのない発達障害のある子どもへの支援体制が変わろうとしている。

しかし一方では，こういった状況に対して批判的な声もあり，「能力に凸凹があると障害なのか？　個性的な子どもでいいではないか」「配慮やサポートしてほめて育てていたら，厳しい社会で生きていけない」などという『障害でなく個性』『厳しく鍛えて社会に適応させよ』という声も未だにあちこちで受けることがある。こういった声は一面の真実もあるのだが，今の日本は，このような特性が個性として活かされる社会とはいえないだろう。

私が支援者として出会ってきた10代後半から30代の若年者たちは，その発達障害や特性が理解されず，学校や社会に適応できるように，厳しく訓練されたり，叱責されたりして育った者が多い。しかも当人自身もその特性に気が付いていないため，「自分は努力が足りない」「がんばれない自分が悪い」と自分を責め，自信を失いがちである。精神的に追い込まれて，うつや不安感・強迫症状などで不登校やひきこもりになり，さらに「生きづらさ」が増すこともある。

本稿では，これらの見えにくく誤解されやすい「生きづらさ」をもつ若年者たちに対し，なぜ理解されにくいのか，どのような生きづらさを抱えているのか，支援者はどのようなサポートをしているのか，当事者グループが果たす役割と今後の展望について考えていきたい。

２．発達障害に気づかれないで育った若年者たちの「生きづらさ」とは

⑴ 「生きづらさ」の背景に気づかず成人した人たち

筆者の所属する星槎教育研究所では，幼児から成人期の若者，その保護者まで，さまざまな世代にかかわりながら活動を行っている。例えば，学齢期のフリースクール・SST（Social SkillS Training：以下SST）教室，ひきこもりの若者支援，若年無業者への就労支援，生活保護世帯の不登校支援，高校へのSST の出前授業，保護者の学習会などである。

これらの活動は多岐にわたっているようで，実はつながっている。その共通キーワードは「生きづらさ」と「発達特性」だろうか。

活動に参加する彼らの多くは，「発達障害に（周りから）気づかれていない／（自分も）気づいていない」「医療機関に行っても，軽度のため発達障害とは診断されない」「本来は併存症であるうつ，パニック障害，社交不安障害，適応障害などと診断されている」という現状にある。

「発達特性の有無と発達障害の関係」については，本田（2016）の図（図5-5-1）で見るとわかりやすい。

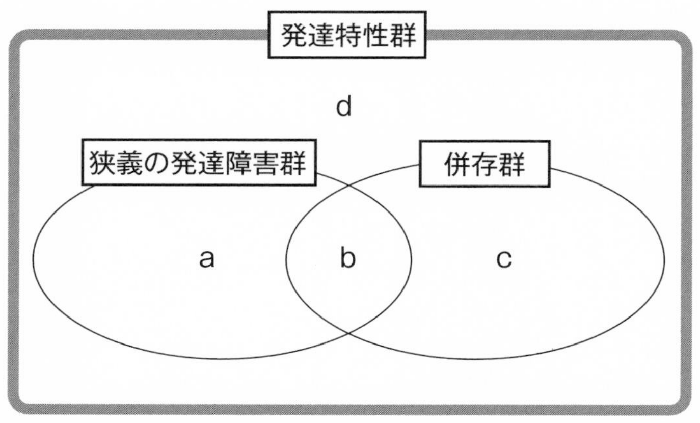

a　は狭義の発達障害群であり、併存症はない人たち
b　は狭義の発達障害群であり、併存症もある人たち
c　は発達障害ではないが発達特性があり、併存症がある人たち
d　は発達特性がありながらも社会適応している人たち
a＋b＋c が広義の発達障害となる

図5-5-1　発達特性の有無と発達障害の関係　（本田，2016 より転載）

もちろん明確な線引きはできないが，前述した「発達障害に気づかれずに育った若年者たち」は，図１の「ｃ」に該当していることが多い。特性は軽くても（軽いだけに）誤解もされやすく，不適応感や不全感，未達成感などで併存症を示しやすい。一方，発達特性を持っていても周囲の理解と対応に恵まれて育ち，自信が損なわれていない場合は，社会適応している「ｄ」に当たる。

社会人になってから，職場でのミスマッチ・配置転換・上司や同僚との人間関係など，ストレスがかかると「ｃ」になるケースも多々見受けられる。

⑵ 「がんばればできるはず」という誤解

発達障害は，外見ではわからないし，学業が優秀だと見過ごされやすい。能力に凸凹があっても，凹の部分は本人のがんばりが足りないからと思われる。

誤解に基づく叱責も受けてきている。例えば，言語化が困難で話そうとしてフリーズしている生徒が「黙っていてはわからない」「答えるまで立っていなさい」と言われてしまったり，書字に困難がある生徒が「もっときれいな字で丁寧に」「字は性格を表します」「こんな字が書けないなら１年生の教室に行きなさい」「100回練習！」と叱責されてしまったり，相手の立場に立って考えることが困難な ASD の特性のある生徒が「人の気持ちを考えなさい」「もっと協調性を」「相手の立場に立って」と怒られたり，ADHD の特性がある生徒が「もっと注意しなさい」「落ち着きがない」「少しはじっとしてなさい」「また失くしたの？」「また忘れたの？」「集中して」と言われたり……。このようなことは，枚挙にいとまない。その他にも，不器用で楽器演奏が苦手，給食が食べられない，読み障害で音読できない，発達性協調運動障害（DCD）で運動が苦手で逆上がりができない，走るのが遅いなど，人前で意見を発表できない……などの場面で，先生方がその子たちに「何とかできるようにしてあげたい」という思いから熱心な指導をするケースがある。しかし，背景に発達障害や特性がある場合，「がんばってもうまくできなかった」未達成感・失敗体験が残り，自己肯定感は低下しがちである。

思春期になる前に自己肯定感を高めておくことが，成人期以降の社会に踏み出していく力になっていくことを考えると残念である。

⑶　どのような「生きづらさ」があるのか

以前，かかわっていた相談機関のインテークシートから，困りごとを抜き出して整理してみたことがある（三森，2015）。表5-5-1 はそれらをまとめたもので，整理することで，彼らの持つ発達の特性が浮かび上がってきた。しかし，その中で発達障害の診断を受けている人はわずかであり，「発達障害ではないか」と疑っている人が少しいる程度であった。

表5-5-1　相談機関に来た若者たちが抱える「生きづらさ」（三森，2015）

<table>
<tr><td colspan="2">「コミュニケーションの悩み」（※　本人の主訴だけでなく相談員の印象も含む）
相談のあった約7割の人にコミュニケーションの困難さが見受けられた。</td></tr>
<tr><td>対人不安・緊張</td><td>相手の感情理解</td></tr>
<tr><td>・内気・人見知り・人前であがる・口下手・打ち解けられない・緊張する・目を合わせられない</td><td>・表情が読めない・相手の気持ちを考えずに発言してしまう・失礼なことを言っても気づかない・人をけなす　否定する</td></tr>
<tr><td>言語化が苦手</td><td>自分の感情表現</td></tr>
<tr><td>・適切な言葉がすぐにでてこない・話題がない・言い返せない・断れない・考えているうちに次の話題に進んでしまう</td><td>・気持ちが伝えられない・自分の気持ちはガマンする</td></tr>
<tr><td>距離感</td><td>自己中心的</td></tr>
<tr><td>・距離の取り方がわからない・なれなれしい</td><td>・自分の話題ばかり話す・人の話を聴かない</td></tr>
<tr><td>話題</td><td>対話力</td></tr>
<tr><td>・雑談ができない・唐突に関係のない話をしてしまう・場に合わない話をする・言ってはいけない話題を話してしまう</td><td>・あいまいな表現が理解できない・返事がずれる・話がまとまらなくなる・話し出すと止まらない・敬語が使えない・皮肉がわからない・言葉の裏が読めない</td></tr>
<tr><td colspan="2">「自信がない」「自己肯定感が低い」
主訴としてあげることは少なかったが，次のステップに移行できなかった35名中28名の約８割が自分について「自信がない」と回答していた。</td></tr>
<tr><td>自己肯定感</td><td>自責の念</td></tr>
<tr><td>・自信がない・自分はダメ人間</td><td>・自分は怠けている・自分は甘い・弱い</td></tr>
<tr><td>打たれ弱い</td><td>ネガティブな感情</td></tr>
<tr><td>・注意されると心が折れる・もう立ち直れない</td><td>・いつもミスを責められている気がする・何をやってもうまくいく気がしない・将来何かできると思えない</td></tr>
<tr><td colspan="2">家庭の問題・親の無理解
昨今，カサンドラ症候群※が話題になっている。ここでも父親の横暴さやDV・暴言，親の無理解などの悩みが相談に上がっていた。</td></tr>
<tr><td>父親（または両親）の横暴さ</td><td>兄弟関係</td></tr>
<tr><td rowspan="3">・父が頑固・横暴・説教する・暴力・抑圧・プレッシャーを与える・禁止ばかり・家から追い出された・ほめられたことがない・否定する・親がわかってくれない</td><td>・兄弟と比較される・兄弟の仲が悪い</td></tr>
<tr><td>家族の別離</td></tr>
<tr><td>・両親の離婚・家族の離散</td></tr>
</table>

※配偶者など身近な家族が，自閉症スペクトラムであることにより情緒的な信頼関係や交流が難しくストレスを受ける

<table>
<tr><td colspan="2">感覚過敏
HSP（Highly　Sensitive　Person＝敏感すぎる人たち）として知られている。繊細な神経で，人の感情に影響されやすく，他の人が叱られていても苦しくなる。</td></tr>
<tr><td>感覚が過敏</td><td>ストレスが身体に表れる</td></tr>
<tr><td>・聴覚過敏・触覚過敏
・光過敏　(蛍光灯が苦手)
・気圧や天候の影響
・臭いや味覚に敏感(偏食)</td><td>・喘息・じんましん・アトピー
・大腸過敏・めまい・立ちくらみ
・手足のしびれ・肩こり・眠気（突然脳がシャットダウン）・自律神経失調など</td></tr>
<tr><td colspan="2">特性上の悩み</td></tr>
<tr><td>感情のコントロール</td><td>金銭・時間管理が苦手</td></tr>
<tr><td>・キレやすい
・不安が多い
・イライラする
・被害的な感情になりやすい</td><td>・使いこんでしまう・借金がある
・遅刻が多い・時間の感覚がない
・時間が足りなくなる
・ぎりぎりにならないとできない</td></tr>
<tr><td>その他</td><td></td></tr>
<tr><td colspan="2">・字がへた・字を覚えられない・漢字が書けない・メモをとれない
・計算が苦手でおつりの計算ができない・時間の計算ができない・
・電卓を使わないと計算できない・手先が不器用
・記憶できない・同じことを何度も聞く・一度で覚えられない</td></tr>
<tr><td colspan="2">二次的症状</td></tr>
<tr><td colspan="2">・ひきこもり・うつ・パニック障害・統合失調症・神経症
・睡眠障害（眠り足りない・眠気・朝起きられない）・自傷・てんかん・無気力
・摂食障害・場面緘黙・パーソナリティ障害・気分障害・離人症
・自律神経失調症・ゲーム依存・いじめを受けた経験がフラッシュバック</td></tr>
</table>

3.「生きづらさ」へのサポート――グループでの取り組みから

さて，前述した「生きづらさ」（表5-5-1）に対して，どのようなサポートを実践しているか具体的に述べていきたい。

○具体例⑴「コミュニケーションの悩み」に対してのサポート

『若年者就労支援機関でのグループSST――就労に向けた社会性や自立のためのスキル』

就労をめざす小集団でのグループワークで，メンバーの現況や課題に応じて，必要なスキルを共に考えている。

SST は押しつけられるといやなものである。

子どものころはがんばってトレーニングしたり，思春期のころは拒否感があったり……でも成人期に，実際に就職してうまくいかなかった経験のある方は，その必要性を実感し，自分の苦手さをスキルで補うのは「アリ」と感じて，自発性に参加してくれている。自分の特性は診断名ではなく「ネガティブになりやすい」「相手に遠慮しすぎて言いたいことが言えない」「メンタルの弱さがある」「不安が強い」「親きょうだいの言い方にイラっとする」「やる気が出ないときがある」などの傾向として理解するようになっている。

このグループワークが「スキルを押しつけられる」のではなく，仲間と話し合いながら「必要なスキル」を自分たちで考えて見つけていくピアグループであると感じてくれているのがいいのかもしれない。

「必要なスキル」として挙げているのは以下の①～④である。

① 社会性の基本的スキル：就労に向けて身につけておくとよい力
あいさつ・お礼を言う・謝るなどを場面の中で実践

② コミュニケーションスキル：集団の中で自己主張しつつ協力する力
場を読む・暗黙の了解・距離感・協調性などの苦手さを，なぜそうするといいのかを共に考えながらスキルとして身につける

③　問題解決スキル：課題解決に向けて実行する力
　優先順位をつける・目標を絞って集中するなど，実行機能の弱さに気づき，整理して行動していくスキル
④　自立生活スキル：自立に向けて必要な自己管理する力
　時間や金銭の管理・衣食住の家事

●実施例「見えない相手の感情を非言語サインから読み取る」

ASD の人たちは，暗黙のルールや場の雰囲気や相手の感情を読み取るのが苦手と言われている。通常は脳のバックグラウンドで，声のトーンや表情などから自然に読み取っている非言語サインを意識して読み取り，場面の状況を考えるワークである。

ワークの流れは以下の通りである。

①　ブレーンストーミング
　・参加メンバーのあるある体験やそのときの気持ちを発表しあう。
　・非言語サイン（表情・しぐさ・動作など）を考える。
②　相手の感情や意図を推測し，どのように行動することが望まれているか，どのような行動は望ましくないかをグループで話し合い考えていく。
③　ときには寸劇で　好ましい例・好ましくない例を体験してみる。
④　ふりかえりで感想を話し合い，ワークシートに記入する。

少人数のグループであっても個性はさまざまであり，共感性に乏しく相手の気持ちを感じ取るのが苦手な人も，逆に共感しすぎて傷つきやすい人もいる。いっしょに話し合うことで，同じ場面でも感じ方・考え方の違いがあることに気づき，「他者理解」や「自己理解」につながっていく。

このSSTグループは，毎回，以下の３部構成になっている。

- 「ブレイクタイム」「リラクゼーション」…最初にゲームなどで，支援者も

入ってわいわい楽しく過ごし，緊張感をやわらげ話しやすい雰囲気を作る。

- 「SSTワークタイム」…毎回テーマを設け，前述のグループワークを行う。
- 「フリータイム」…ワーク終了後の時間は，自由なコミュニケーションタイムとなり，同好の趣味の話で盛り上がっている。気の合う仲間と雑談で盛り上がる時間は貴重で，笑い合うことがエネルギーになっているのを感じている。

○具体例(2)「自信がない」「自己肯定感が低い」に対してのサポート

自己肯定感を高め，不安や緊張をほぐすSST——不登校・中退防止プログラムとしてのSST出前授業

不登校経験者や学力に自信がない生徒の割合が高い高校では，生徒は自己肯定感が低くネガティブな感情を持ちやすく，不安感や緊張感が高い傾向がある。

そこで，自己を肯定的に見つめ直すSSTとして「見方を変えるリフレーミング」，不安や緊張をほぐすSSTとして「心と体を結ぶルーティン」を実施している。出前授業で訪問回数も少ないため，授業の後に，自分の生活やクラスで般化して実践できるプログラムにしている。

①友だちとグループワークで「リフレーミング」

出来事の枠組み（フレーム）を変えてみることで，どのようなことにもプラスの意味があることに気づく。

②体を動かしながら平常心をもたらす「ルーティン」

ルーティンの意味を考え，不安や緊張のない平常心で最高の集中力を引き出す方法を考える。体と心はつながっていることを意識。

自分の心地いい場所を言葉・音楽など五感を使ってイメージしながら自分のルーティンを考えてみる。

●体験した生徒からの感想

- わたしは仕事が遅く，アルバイトの面接のときにどう自己アピールしようと思っていたけれど，友だちから「一つひとつ確認しながら丁寧にやっている」と言われて，そういう見方もあるんだと思って安心した。

・人前での発表や試合の前に緊張するけれど，自分のお気に入りの場所に立っているつもりで深呼吸して落ち着こうと思った。

など。

○具体例⑶「家庭の問題・親の無理解」に対してのサポート

ピア活動としての親の会「ティーサロン」――かたり場・まなび場・いこいの場からの家族支援

親だって悩みが多い。親同士ゆっくり寛いでお茶を飲みながら語り合うスペースがあればいいと思い，保護者会や親の会とは別に月１回「ティーサロン」を開設した。参加者からは「お茶はいつでもできるので，この機会に学びたい」という声が多く，ミニセミナーを行っている。「自己肯定感を育てる親子の会話」「睡眠と感覚過敏」「進路（卒業生の話）」「思春期の関わり」「リフレーミング」など，その時々で必要だと思うテーマを選び，ときにはゲスト講師を招いて学びあい，セミナー後は懇親会を開催している。また，随時個別相談も受けている。

親の会は，ピアグループそのものである。シェア・エンカレッジ・モデルという，ピアサポートの三原則が生きているのだ。同じ悩みをもち，苦しいことも楽しいことも共有（シェア）できて，元気づけ合う（エンカレッジ）ことのできる仲間がいることは大きな力である（写真5-5-1)。また，先が見えない不安の中で少し前を歩く生き方を示す子どもの成長の姿や，親子関係のあり方（モデル）は参考になる。

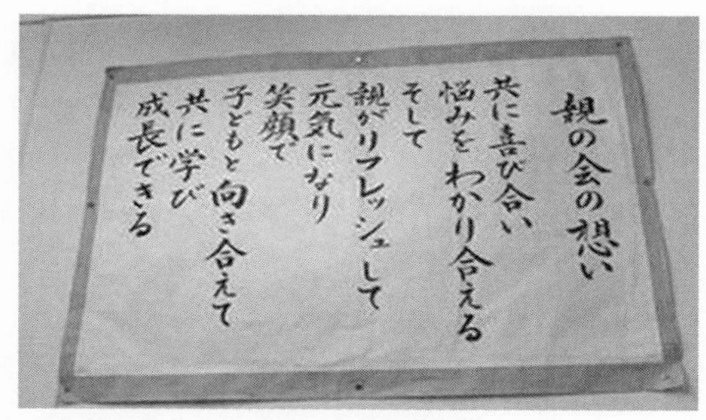

写真5-5-1　ピアサポートの三原則

○具体例(4)　さまざまな特性に対してのサポート，多様な学びの場と多様な学び方

通信制高校（星槎国際高等学校）での選択ゼミ授業——トップダウン型の学びで，興味・関心を伸ばす

不登校経験のある生徒も多く，その背景に発達の特性があることに気づかれにくい。彼らは，広く浅くボトムアップ型の学習をするより，興味関心のある領域を広げながら深く掘り下げていくトップダウン型で学ぶ方が向いている傾向にある。そこで，学習プログラムとしては，基本となる教科学習に加えて，ソーシャル・スキル・トレーニング（SST），ライフ・スキル・トレーニング（LST），PBL（問題解決型学習），国際交流授業，インターンシップ，選択ゼミ授業（9領域・約100種類）など必要な学習を構造化し，通信制の柔軟なカリキュラムを活かして，IEP（個別教育プログラム）の役割を果たすオリジナルな時間割を組んでいる（図5-5-2）。

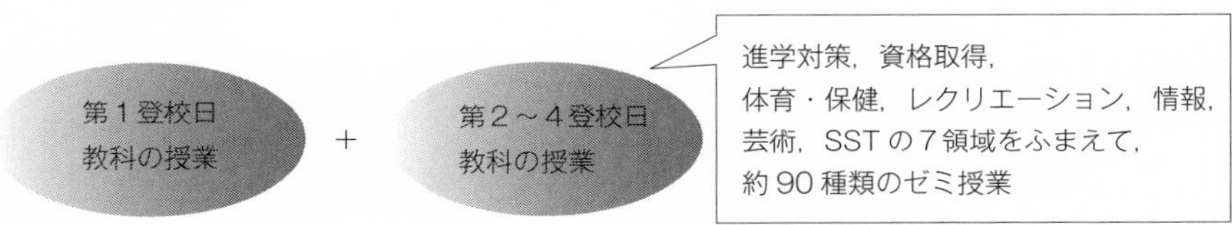

図5-5-2　柔軟なカリキュラムを活かしたオリジナルな時間割づくり

筆者は，高大連携の一環として，WISC や WAIS の心理検査，本人や保護者の相談・カウンセリングなどを担当している。

また，ときには選択ゼミ授業で，キャリア・デザインのゼミを担当することもある。ここの生徒たちは，精神的な悩みや将来の不安も抱えがちなので，自分の気づいていない良さをフィードバックして伝えポジティブな自己理解につなげること，いろいろな意見を出し合って，多角的な視点や多様な認知スタイル，思考を尊重しあいながら，自己・他者を学べるようにしたいと思っている。

○具体例(5)　二次的症状に対してのサポート

ひきこもりの訪問支援と居場所——ステップバイステップで社会参加へ

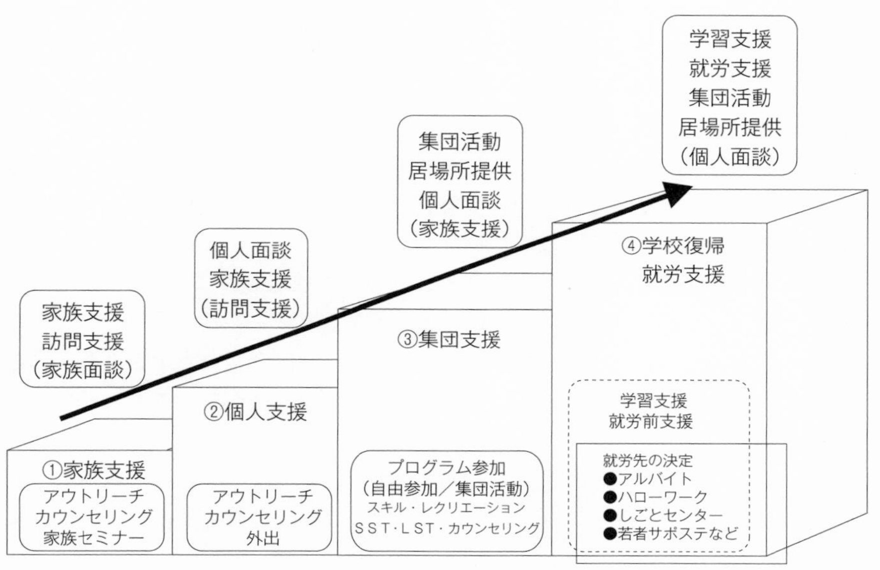

1)訪問サポート（アウトリーチ）
　家からなかなか出られない方の自宅または近所まで，ひきこもり専門支援員と研修を受けたピアスタッフが訪問する。家族以外の第三者が入ることで，新たな関係が入り動きやすくなる。
2)フリースペース
　自宅以外にゆっくりできる居場所づくり。人との出会いや多くの参加型体験プログラムを通して　社会参加につなげていく。
3)家族サポート
　家族セミナーや個人相談。家族のみの参加もある。
4)若者就労支援講座
　PC入力などの軽作業やボランティア活動を通じて仲間と行動し，社会参加への不安を軽減し自信をつける。

図5-5-3　若年者向け社会参加支援プログラム『CHART（チャート）』

星槎教育研究所では，東京都の「ひきこもり等の若者支援プログラム」の登録団体として，若年者向け社会参加支援プログラム『CHART（チャート）』を行っている。「ひきこもりの評価・支援に関するガイドライン」の中の「ひきこもり支援の諸段階」に対応させたプログラムで活動内容は図5-5-3 の通りである。

思春期・青年期ひきこもりケースの背景にある精神障害の実態把握調査結果では，ひきこもりの約三分の一に発達障害の視点からの支援を必要としている方がいる可能性があることが把握された（斉藤，2008～10)。一方，ひきこもりの７～８割が発達障害とする専門家もおり，前述したように「発達障害群」とするか「発達特性群」とするかで，大きく違ってくる。その差の大きさこそ，本稿のテーマである「発達障害に気づかれずに育った若年者たち」の数の多さと外見から理解されない生きづらさの存在理解につながるものではないだろうか。

彼らに対しては，家族支援から，訪問支援，個人面談，フリースペースでのグループ活動，社会参加に向けてのプログラム，次の就労支援機関にバトンタッチするまで，ステップバイステップで支援している。

４．当事者グループの役割と今後の展望

不登校・高校中退経験がある卒業生が，大学で心理学を学び，児童施設に就職する前に筆者にこう語ってくれた。

今の自分があるのは
「ほっとできる居場所があった（自分らしくいられる居場所)」
「同じ悩みをもつわかってくれる友だちがいて，話し合ったり楽しい体験をしたりした（同類・仲間の存在と楽しい時間の共有)」
「自分が苦しかった理由が分かった（特性の自己理解)」
「話を聴いてくれるフレンドリーな先生がいた（モデルになる大人)」
「失敗が怖くなくなった（リカバリー体験)」

「自分で体験し考える学習ができた（体験学習・アクティブラーニング）」
「自分の経験を他の人のために役立てようと思った（生き方の発見・社会貢献）」
などがあったから

この卒業生が語ってくれたことは，「支援とは何か」を考えるための示唆に富んでいる。

少数派の彼らにとって，同じ考えや趣味で共通点を持ち共感し合える仲間がいる場は貴重である。仲間とは違和感や疎外感・孤立感なく，コミュニケーションの楽しさや大切さを味わえる。SSTワークや学習も大切だが，余暇時間に行う趣味の創作や鉄道，ゲーム・アニメ・TRPGなどで意気投合するとき，一気にパワーが増していく。ありのままの自分が受け入れられることで自己肯定感も上がっていく。また，多様な個性で構成される集団の中で，自己理解や他者理解も深まり，次のステップへの意欲となっていく。

筆者はもともと「発達の凸凹こそ魅力であり活かすべきものであって，均して平坦にしたり，凹を埋めることに汲々となったりしてはいけない」と考えている。今後は，ピアサポートの場においても，凹（苦手）のカバーやサポートだけでなく，もっと積極的に凹だと思っていたものの魅力を活かし，凸（才能）を見つけて伸ばす，さまざまな場づくりができればいいと思う。凹は凸と表裏一体であり，つながっている。

また，筆者自身「支援者」というネーミングや立場はそぐわない気がしている。自身も50代になるまで気づかなかった特性があり，前述の図1の「c」（障害ではないが特性はある）に属している当事者である。今まであげてきた「生きづらさ」もたっぷりと体験してきている。そして今は周囲の人から数々の支援を受けている。だからこそわかることもあり，「支援者」と「被支援者」も表裏一体でボーダーレスだと思っている。

これからの共生社会に向けて，見えづらいもの気づかれないもののウラに何が隠れているのかを心の目で見ながら「場づくり」と「わかってくれる年上の大人」であることを目指したい。

文献

本田秀夫（2016）．第１章　早期発見・早期療育・親支援はなぜ重要なのか？　本田秀夫（編）発達障害の早期発見・早期療育・親支援　金子書房.

三森睦子・垣内麻由美・山本牧子・石田博彰（2014）．教育の立場から（全日制高校・技能連携校・通信制高校）――アセスメント・IEP・実習をどういかすか―― LD研究，23(4)，427-436.

三森睦子（2014）．「生きづらさ」の背景にあるもの――理解されにくい特性をどうサポートする――　共生科学研究 星槎大学紀要，10，48-54.

松村暢隆（2008）．「苦手」を「得意」で克服する「才能教育」すべての子どもの才能を見つけて育てよう　ベネッセ総合教育研究所　http://berd.benesse.jp/berd/berd2010/feature/feature04/matsumura_03.html

第6章

発達障害者にとっての「グループ」とは

［1］文化人類学の面から発達障害の自助グループを考える

照山絢子

1．あるエピソード

筆者は2005年から現在に至るまで，発達障害について文化人類学者という立場から研究をおこなってきた。その中で，印象的だった出会いがある。とある成人当事者のための自助グループの活動のあとで，そこに参加していた一人の女性を誘って食事をしたときのことだ。彼女は何度かそのグループの活動に参加してみたものの，どうしても馴染めないという。どういうことなのか聞いてみると，そのグループの中にある「明るすぎる空気」がどうしても嫌なのだと語ってくれた。その自助グループは活動の中で「苦手なことより得意なことに目を向けよう」「できないことについて考えて落ち込むよりも，できることを伸ばしていくことで社会を生き抜くスキルを身につけよう」ということを謳っていた。そのためか，集まりは常に活気に満ちた前向きな雰囲気があった。その雰囲気が多くの参加者に元気と勇気を与えているのは明らかだったが，その女性は，そこに違和感を持っているのだと話してくれた。誰もが得意なことを持っているわけじゃない。仮にあったとしても，その特性をいかした就職をするというのは至難の業だ。絵がうまいからといって誰もが漫画家になれるわけでもなく，歌がうまいからといって誰もが歌手になれるわけでもない。「これといった取柄のない，私みたいなふつうの発達障害者が，どこにでもあるような会社やお店で，ふつうに働いて生きていくための方法が見えてこない」というようなことを，彼女は語った。そしてやがて，そのグループの活動には関わらなくなっていった。

考えようによっては，この女性が抱えていた問題というのは，単に自助グループのカラーや方針とのミスマッチの問題であって，もっと彼女に合うグループを探せばよかったのだということができるかもしれない。でも，この出会いから私は重要な気づきを得たと思っている。それは社会に居場所を見出せないのと同じように，自助グループにも居場所を見出せない当事者が確実にいる，という発見だった。あたりまえといえばあたりまえのことなのかもしれない。しかし，「自助グループ」というものを研究するとき，私たち研究者はえてして，そこにいる人たちやそこの活動だけを見ている。そこにいつづけられなかった人たち，いなくなった人たちとは誰なのか。またそれはなぜなのか。そこから，自助グループという集団の性質について何が言えるのか。こういったことはほとんど問うてこなかったように思う。このことに気づいてから，私は自助グループというものが参加する個人にどのような関わりを求めているのか，またそれは個人にどのような影響を与えるのか，ということを意識するようになった。この論稿では，そういったことを念頭に，私がこれまで考えてきたことを書いてみたい。

2．自助グループが生み出したさまざまな語り

私が調査を始めた2005年当時，発達障害は子どもの障害だというイメージが先行していた。これは親の会が取り組んでいた啓発活動や教育関連機関への働きかけによるところが大きい。特別支援教育が施行されて，少しずつではあるが子どもの発達障害への対応が落ち着いてきたころに，ようやく成人当事者

と呼ばれる人々が名乗りをあげるようになり，その中から当事者の自助グループが生まれてきた。このように，発達障害者の自助グループが誕生してきたことの背景には，「発達障害者」というアイデンティティを自分のものとして獲得した大人たちが出てきたということと，その大人たちが自分の言葉でその経験を語り始めたということがあるのだ。それまでは，発達障害児の親たちが，自分の言葉で語ることのできない子どもたちのことを代弁し，親としての苦悩を発信していたが，成人当事者が出てきて多くの自助グループが誕生したことによって，発達障害をめぐる語りは大きく変容した。では，具体的にどのような語りが，この自助グループという場で交わされるようになっていったのだろうか。その語りを分類するとすれば，⑴自己発見の語り，⑵生きづらさと困り感の語り，⑶生きやすさのための語り，と大別することができる。順番に見ていこう。

⑴　自己発見の語り

発達障害が広く知られるようになっておよそ10数年が経った今でこそ，特別支援教育を受けて育った成人当事者がいるが，当初は成人当事者はほとんどが中途診断者だった。テレビや新聞で発達障害のことを知り，自分がそれにあてはまるのではないかと疑って診断を得た人たちだった。そうした人たちにとって，発達障害との出会いは，それまでの生きづらさを「ああそういうことだったのか」と意味づけるきっかけになった。学校に馴染めなかったことや就職で苦労したことなどを自分の責任と捉えて苦しい思いを抱えてきたのに対し，発達障害という診断を得たことで，これまでの経験を新しい目で見て理解し，新たな自己物語を紡ぐようになった。そして，どのように発達障害と出会い，どのようにそれまでの人生を捉えなおすことになったのか，という話はまさに自助グループという場の中で語られ，共有されてきたといえる。

このような自己発見の語りは，当事者の間にある経験の共通性をあぶりだし，自助グループという集団の中の連帯の基盤を形作ったのではないかと思われる。つまり，同じような経験をしてきた，ということが当事者間の「つながり」を形成したということだ。また，おりしも「早期発見・早期療育」ということが子どもの発達障害支援において声高に言われる中で，出てきた語りである。早期どころか遅れて発見され，遅れて支援に結びついた成人が，これまでどのような生き方をしてきたのかという，いわば子どもの発達障害の話とは正反対の裏側の物語を提示した，ともいえる。

⑵ 生きづらさと困り感の語り

自助グループはまた，日常における生きづらさや困り感を共有する場としても機能してきた。職場でこのようなことで困っているとか，家族との関係で悩んでいるとかいったことを語る場は，多くの当事者にとっては自助グループ以外になかなかない。また，そういった話が出たときに，他の参加者から「自分はこういうふうにしてみた」というアドバイスやフィードバックをもらったり，「こういうふうに考えたらどうか」という新しい視点を提示されたりすることで，日々の生活にいかせるヒントを得ることもできる。

多くの親の会のように啓発が大きな柱となっている集団では，生きづらさや困り感の語りというのは，それを解決するための制度を求める運動と結びついている。一方で，成人の自助グループでの語りが特徴的なのは，必ずしも制度の充実を求めるという外向きの発信ではなく，あくまでも個人的なレベルで問題と向き合い，それを解決するための語りだというところである。社会に向けて啓発をしていくことはもちろん大事なことだが，そうした対外的な発信とはべつに，いま・ここにある問題をなんとかしなければならないという切実さを，そこに見て取ることができる。そして，これまで誰に教わるでもなく，個々人が試行錯誤の中で編み出してきたさまざまな問題解決や問題回避のノウハウを，流通させ蓄積していく，その土壌となったのが自助グループだといえるだろう。

⑶ 生きやすさのための語り

「生きやすさのための」という表現が適切かどうかわからないが，自助グループでは上のいずれにもあてはまらず，また日常的なコミュニケーションの中でもあまり見られないような，独特の語りが生まれることがある。それは例えば，「お互いの良いところを挙げていこう」とか，「これまでに人に言われてうれしかったことを挙げていこう」といった，自己肯定感を高めるための活動の一環である場合もある。あるいは，具体的な課題やテーマに基づいてブレーンストーミングをしたりロールプレイングを活用したりして直接的に参加者の社会的スキルを向上させるための練習である場合もある。さらには，ワークショップのような形式で，例えばべてるの家で行われているような「当事者研究」を取り入れたり，決められた時間内に他の参加者の前でプレゼンテーションや対談をおこなったりといった，より厳密なルールにのっとったものである場合もある。

いずれにしても，これらはコミュニケーションの力を使って参加者に働きかけ，一人ひとりが自己肯定感を高めたり自己理解を深めたりすることを目的としている。その意味では，セラピー的な語りともいえるかもしれない。これまで多くの研究者が，例えばアルコール依存症者の自助グループであるAA（アルコホーリクス・アノニマス）などの研究を通して，自助グループ内の語りの治療的効果について論じてきたが，このような生きやすさのための語りというのもその一つの形態だろう。このような語りが自助グループの中で生まれてきた背景には，子どもの療育施設や療育プログラムが多く出てくる中で，大人向けのそうしたプログラムが極めて少なかったということがある。就労支援などの制度は整備されても，もっと当事者の心を根底から支えるような支援が不在であったことから，いわば「お手製の療育」としてこうした実践が出てきたのではないかと考えられる。

3．自助グループに内在する問題

前節でみてきたように，自助グループは成人の発達障害者に対して，安心できる空間や仲間とのつながり，そして何よりも自分の言葉を紡いでいくための一つのプラットフォームを提供してきた。しかし，集団というものは，どのようなものであれ，秩序とルールをもっており，そのために特定の人びとにとって居づらいものになったり，場合によってはそうした人びとを排除したりする性格を持っている。この節ではそうした問題に焦点をあてていこう。

⑴　参加要件をめぐる問題

自助グループにとっての大きな課題の一つは，参加要件をどのように設定するか，ということだ。つまり，参加しても良い人といけない人の間になんらかの線引きをしなければならない。これはグループによって異なってくるが，当事者に限定するグループ（支援者や親なども不可），限定はしないが誰が当事者で誰がそうでないかがあえてわからないような形で運営されるグループ，そして限定はしないが非当事者はオブザーバーとして主な活動には参加できないグループ，というのが多いように思われる。いずれにしても当事者と非当事者の間の線引きは強く意識されている。当事者が安心して過ごせる場を作ることが大切なので，運営側の判断もよくわかる。ただ，実際は当事者といっても診断がおりていない人もいるし，支援者でありながら同時に当事者である人もいる。逆に，診断はあるけれど，積極的に「発達障害者」という言葉を引き受けることに躊躇がある人もいるだろう。当事者と非当事者の間に線を引いて参加要件を設定するということは，こういう曖昧な立場で困ったり苦しんだりしている人たちとどう向き合うのか，という問題を提起する。

⑵　支配的な言説の問題

もう一つ，指摘しておきたいのは，自助グループの中である特定の語りの型が一般化してくるという問題である。例えば前節でみたような「自己発見の語り」を共有していく中で，小・中学校時代に友達とうまくつきあえなかったというエピソードがよく出てくる。多くの人が同じようなことを話し，このエピソードが一般化してくると，「やっぱり発達障害があると友達づきあいに苦労した経験があるんだ」という共通の認識が生まれてくる。すると，実は友達とうまくつきあえたという人は，そのことを言い出しにくくなる。仮に勇気を出して，「うまくつきあえたよ」と言えても，そのことで周囲から驚きと猜疑の目で見られ，その人の発達障害者としての正当性，真正性が疑われるようになる，という事態にもなりかねない（「えっ，じゃあ ASD ではないんじゃないの？」というように）。これは，前項の問題とも関わっていて，「どんなことを語れる人が『本当の』発達障害者か」という序列をグループの中に作ってしまうことにもつながる。しかし，実際，発達障害者の経験は十人十色であって，おかれた環境によっては友達づきあいに何の苦労もなかった人もいるだろう。共通の経験について話せる，ということは当事者同士の相互理解と連帯のために大切なことだけれど，そのことが少数派を沈黙させてしまう，という力関係が働くのである。

(3)　エンパワーメントの落とし穴の問題

多くの自助グループは，直接的であれ間接的であれ，参加者一人ひとりが希望をもって自分らしく前向きに社会生活を送っていくための一助となるよう，活動をおこなっている。その意味で，参加者のエンパワーメントは自助グループの活動の重要な柱となっている。しかし，どのような方向に参加者を勇気づけるのか，というのは実にデリケートな問題である。冒頭の女性のエピソードに戻るが，「得意なことを見つけて才能を伸ばそう」というエンパワーメントが，ある人にとっては過剰な負担となって息苦しさを感じるものになる可能性もある。また，私が出席したあるグループの会では「私たちは人並みにできることもたくさんある。できないことのほうが少なく，とるにたりないことじゃないか」という話がさかんになされていたことがあった。そのときに引き合いに出されたのが身体障害・知的障害で，そうした障害を持つ人に比べて，発達障害者の「できないこと」はたいしたことではない，というようなことが言われた。身体・知的障害者のほうができないことが本当に多いのかどうかはここではおいておくが，そういった別の対象と比較することで，どちらが社会の求める「普通」により近いのかを競うこと，またそれによって勇気や希望を得ることは，果たして健全なエンパワーメントのありかただろうか。まして，その場に，家族や近い友人が身体障害・知的障害を持った参加者がいたら，どう感じただろうか。

４．むすびにかえて

これまで見てきたように，発達障害者の自助グループは成人当事者にとって，経験を共有する場を与え，ピアサポートの基盤となり，療育の代わりとなるさまざまな学びあいの機会を提供してきた。そしてその結果として，「大人の発達障害者」というアイデンティティを育て，新しい語りを発信する拠点をつくってきたともいえる。

ただし，一方では，参加要件やグループ内における支配的な言説，エンパワーメントの方向性の設定など，集団としての全体性や一体感をつくっていく中で生まれるひずみが，ときに参加者に居づらさや居心地の悪さを感じさせる可能性もある。多数派の社会の中に居づらさを感じて自助グループにやってくる人が，さらにそこで排除されてしまうことがあるとすれば，とても残念なことだ。

しかし，希望がないわけではない。最後になるが，私の最近の研究の話を少ししてみたい。2017年，私は約一年かけて，とある発達障害者の自助グループでフィールドワークをおこなった。そのグループの活動は社会的なスキルの向上に目的を絞っており，それ以外のことはほとんどやっていなかったので，その活動に賛同する人，スキルを上げたいと願う人が参加しているものと思っていた。だが，スタッフや参加者にインタビューを重ねていくと，皆驚くほどさまざまな理由でやってきて，異なるものを得て帰っていることがわかってきた。休職中で家にこもりがちな暮らしの中で定期的な外出先としてやってくる人，精神的な不調の中どのような形であれ何かを学んで前に進んでいるという手ごたえを求めてやってくる人，将来の起業に備えて組織運営の勉強を目的にやってくる人，家族との向き合い方のヒントを求めてやってくる人……。ここで気づかされたのは，グループがどのような理念や目標を掲げているにせよ，またどのようなルールや枠組みを設けて活動を展開しているにせよ，参加者にはそれぞれの目的と関わり方がある，ということだ。もちろん活動の中ではルールに従っているが，彼らの思いを聞いてみると，ときには運営側の思惑を華麗に裏切りながら，得るべきものを得て，自分が満足できるかたちで主体的にグループを「利用している」といえる。

私の専門である文化人類学では，このように社会や集団の力に対抗する個の力をエージェンシーと呼ぶ。タイでエイズの自助グループについて研究をした人類学者の田辺繁治によると，エージェンシーとは，「文化的あるいは言説によって構築されそこに埋もれている人びとではなく，それにたいして葛藤，抵抗し，また交渉，協働，創造していく人びとである」（田辺, 2008）。つまり，自助グループにいる人々は，組織の色にそのまま染まったり，集団の志向を無批判に受け入れるわけではなく，自らそれを意味付け，折り合いをつけ，関わり方を主体的に形作っていくということだ。こうした個々の参加者による葛藤や抵抗，交渉，協働，創造こそが，自助グループのありかたをダイナミックに変容させ続けるのではないかと思う。10年後，20年後の発達障害者の自助グループはどうなっているだろうか。それがより多くの人に対して開かれ，発達障害者同士のつながりの場として，また，より大局的な社会とのつながりの場として成長していくことを期待したい。

文献

田辺繁治（2008）．ケアのコミュニティ――北タイのエイズ自助グループが切り開くもの――　岩波書店.

[2] 自閉症のある人にとっての「集団」とは

竹中　均

1．ジンメルのユニークな社会学

本書は自閉症のある人にとっての自助グループの意義について論じている。社会学から見れば，自助グループは小集団の一種である。現在，小集団についての社会学的研究は盛んだが，19世紀から20世紀の変わり目にかけての社会学の草創期にはそうではなかった。草創期の巨人としては，ウェーバー（Weber, M.）やデュルケム（Durkheim, É.）が有名だが，彼らの研究は，現代の小集団研究の出発点ではなかった。むしろ，この２人より知名度の低い，ベルリンで生きた哲学者・社会学者のジンメル（Simmel, G.）が，小集団研究の先駆者である。

では，なぜ小集団は当時，注目されにくかったのか。その理由は，社会や集団が明確な「かたまり」として存在しているという考えが当時の主流だったからである。社会学的集合主義のデュルケムは，社会を一種の「ものとして」捉えようとした。また，社会学的個人主義のウェーバーは，個人の動機から出発して社会を捉えようとしたが，出来上がった社会を「かたまり」として捉えた点では，デュルケムと似ていた。

ところがジンメルはそのどちらの立場でもなかった。たしかにジンメルもウェーバーと同様に個人の意識に注目したが，ウェーバーと違って，諸個人の意識それ自体ではなく，意識同士の相互作用に注目した。社会とは，個人意識の単なる集積でもなく，かといって，個人意識とは別次元の「もの」でもない。個人意識の相互作用こそが社会なのである。現代日本の社会学者・富永健一はその著『思想としての社会学』の中で，ジンメルの立場を「相互行為主義」と呼んでいる（富永，2008：304）。

ジンメルの立場は，現在の視点からは，当然に見える。だが，この立場はジンメルによって初めて生み出された。それは後年，小集団研究やゴッフマン（Goffman. E.）たちのミクロ社会学研究の基礎となっていったのである（菅野，2003：32-33）。

２．カントから受け継いだもの

では，当時としては斬新過ぎたジンメルの独自性は，いかにして生まれたのか。富永によれば，哲学者カント（Kant, I.）からの影響が重要である（富永，2008：310）。カントはまず，「自然はいかにして可能か」という問いを立てる。一見すると自然という世界（現象）は，人間の存在とは無関係に，つまり客観的に存在しているように見える。言い換えれば，人間の主観性が排除されたところに自然の客観性が成立しているように見える。だが，本当にそうなのか。

スイッチを押すと明かりが点る。これは自然現象である。スイッチを押すことが原因であり，明かりが点ることが結果である。両者は客観的な因果関係にあるように見える。だが，スイッチを押すことをいかに分析しても，そこから明かりが点るということは出てこない。分析では，両者の間の因果関係は見出せない（石川，2009：175）。では，因果関係（というカテゴリー）はどこからやってくるのか。カントの考えでは，この自然現象を観察している者の主観（悟性）の中に因果関係を生み出す能力がもともとあって，それが自然という世界（現象）へ投げ入れられたのである。その能力をカントは「超越論的統覚」と名付けた（黒崎，2000：124，125）。この能力により，スイッチを押すことと明かりが点ることという全く異質な二つの事柄が，原因と結果として総合され，自然という対象が可能になる。すなわち，対象の客観性は，観察者の主観性によって生み出されるというわけである。

このようにカントは自然現象について哲学的に思索した。それでは，社会現象の場合はどうか。「社会はいかにして可能か」――ジンメルは，カントの視点を応用して，この問題に取り組んだ。カントによれば，自然が可能になるためには，分析だけでは不十分であり，総合が必要である。だとすれば同様に，社会が可能になるためにも総合が必要なはずである。

社会現象の場合，総合はどのようになされるのか。ジンメルによれば，社会における総合は，外部の観察者の働きによるのではない。なぜなら，自然が対象の場合には，観察者は自然の外部に存在することができるが，社会が対象の場合，観察者は社会の外部から社会を観察することはできないからである。

だが，次のような反論があるかも知れない。A国の社会全体を，B国の社会のメンバーが観察すれば，外部からの観察になるはずだ，と。しかし，それはあくまでA国の社会を外部から観察したことであって，社会それ自体を外部から観察したことにはならない。A国の社会について把握することは，社会それ自体について把握することではないのである。このようにして，社会という対象は，観察者＝個人が社会性を持つ以上，外部からの観察が不可能である。

たとえ話で言えば，地球を外部から眺める視点があれば，地球が丸いことは把握できるが，同じやり方では，宇宙の形は把握できない。観察者は宇宙の外部に立てないからである。

したがって社会における総合は，別のやり方でなされるはずである。そもそも観察者とは，個人の意識である。そして個人の意識は，社会という対象を構成する要素である。ところが，この観察者は社会の外部に立てない。というわけで総合は，社会の内部において，諸個人の意識の相互作用によってなされるとジンメルは考えた。たとえ話を続ければ，宇宙の内部にとどまりながら，宇宙を構成する諸要素同士の相互作用から，宇宙の形を推測するようなものである。

3.「かたまり」と相互作用

このように，自然という対象とは違い，社会や集団は「かたまり」として実在しない。社会や集団は，複数の個人意識間の相互作用としてのみある。自然という対象が，観察者による外部からの観察によって，「かたまり」として客観的に実在するのとは異なる。ここに自然と社会の質的な違いがある。

当時の社会学の主流は，集団全体の特性や社会規範をいわば外部からマクロに調べようとしていたのだが，ジンメルは，それでは社会という対象を生み出す総合の在り方は把握できないと考えた。そこで，社会や集団全体を観察するのではなく（外部からの観察ができない以上，それはそもそも不可能である），諸個人（の意識）間の相互作用をミクロに調べれば良いわけである。これが「社会はいかにして可能か」という問いから出発するジンメル社会学の基本姿勢となった。

誰かに呼びかけられた（A）。ゆえに，振り返る（B）。このような社会的行為は，社会規範という「かたまり」がすでにあって，それが個人に適用されて生じるという風に理解してはいけない。つまり，〈呼びかけられたら振り返るべきであるという社会規範を備えている集団のメンバーなのだから，そのように振る舞うのだ〉と理解してはいけない。そうではなくて，（A）と（B）を結びつける〈ゆえに〉という総合を生み出すミクロな相互作用にこそ注目すべきである（ちなみに，ジンメルにとっては，社会のメンバーは皆，そのような総合能力を持っているというのが前提である。だが，はたしてこの前提は正しいのだろうか）。

ジンメルはカントの発想を自然から社会へ応用することによって，社会や集団を「かたまり」として実体化しない視点を得た。社会が「かたまり」としての実体ではない以上，相互作用こそが社会である。そしてジンメルによれば，相互作用の出発点とは，もっともミクロな関係すなわち，二人関係である。このようにして，同時代の他の社会学者とは異なり，ジンメルは主著の一つ『社会学』（1908年刊）の記述を，二人関係や三人関係という微細な水準から始めている（ジンメル，2016：93）。社会や集団を「かたまり」として実体視する立場からすれば，二人と三人の違いはそれほど重要ではないだろう。だがジンメルによれば，二人関係から一人増えて三人関係になった時，相互作用の在り方には質的な変化が生じる。それゆえ両者を繊細に区別して論じる必要がある。このような繊細な眼差しに，ジンメル社会学の特徴がある。

ここで思い出すのは，自閉症のある人にとっても二人か三人かという違いは重要だという点である。多くの自閉症当事者の社会観が収録された著作『アスペルガー流人間関係』においてシェパード（Shepherd, N.）はこう記している。「人にもよりますが，というより私の場合は，１対１の会話は大丈夫であるが，それ以上のグループの会話となると対応できないという問題をもっています」

(Edmonds & Beardon，2011：58)。

二人関係，三人関係への繊細な注目と裏腹に，ジンメル『社会学』は，同時代の他の社会学者とは異なり，具体的な集団や組織について論じない（居安，2000：67)。なぜなら，集団の「かたまり」としての実在を自明視しない以上，具体的な集団の在り方が最重要ではないのだから。彼は例えば，「基本的には家族を集団としてとらえ，その家族を愛情装置として考えるという問題の立て方への疑問」を持っていた（細江，2001：145)。このような社会や集団を相対化する見方は，現代社会に生きる自閉症のある人にとっては納得しやすいのではないだろうか。自閉症のある人にとって，集団としての家族とその愛情（いわゆる家族団らん）は自然に感じ取られるものではない。それは自明の前提ではなく，常に問い返されるべき課題なのだから。

4．否定的なものへの眼差し

ジンメル著『社会学』では，社会学の主流とは異なり，ユニークな主題が扱われる。例えば，孤独・無関心・嘘と秘密・社交・闘争・信頼・異郷人や貧者である。後年これらの主題は，ミクロ社会学・葛藤理論・信頼論・都市社会学などによって各々のやり方で継承されていく。

彼が注目した主題群は，社会学の主流からすれば枝葉末節と見えるだろう。そのためもあって，ジンメル社会学は体系的ではなくエッセイに過ぎないと批判されることが多かった。だが，現代社会に生きる自閉症のある人にとっては，これらの主題は重要問題ではないだろうか。例えば，『アスペルガー流人間関係』の中でブラウン（Brown, A.）は嘘と秘密についてこう書いている。「人に嘘をつかなければならないような場合も困惑します。正直に答えると明らかに相手を傷つけるといった場合でも，私は嘘をつきたくないし，つくのも苦手です」(Edmonds & Beardon，2011：66)。

ところで，これらの問題に対するジンメルの関心の背後にあるのも，カントからの影響である。カントは同時代の自然科学に強い関心を抱いていて，自然科学の成果を哲学に導入することに積極的だった。カントは，物理学の「『引力』と『斥力』という対立概念」からインスピレーションを得て，肯定／否定をプラス／マイナスとして捉えていた。引力が斥力を必然的に生み出すように，肯定は必然的に否定を生み出す。〈肯定がポジティブで，否定がネガティブ〉なのではない。肯定がポジティブなのと同様に，否定もポジティブである。

富永によれば，このようなカントの力学論的発想が，〈肯定があれば必ず否定がある〉というジンメルの発想へと継承された（富永，2008：311，364）。すなわち，否定的なものは，一見すると無価値に見えてしまうが，実は，肯定的なものと同等に重要な役割を果たしている。

ジンメル著『社会学』に登場するユニークな主題群は，この意味で否定的な性質を持っている。例えば，他者が存在すれば，その否定である孤独も必ず存在する。それは，単に他者の不在というだけではない社会的意味を持つ（富永，2008：355）。無関心は，関心の単なる欠如と見なされがちだが，ベルリンのような都市での生活では必須の能力でもある。嘘や秘密は，正直さの否定であり，社会性に反するように見えるが，実は，社会的に重要な役割を果たしている。例えば，嘘と秘密が高度に活用されるのが社交場面である。社交は，内容を欠いた空疎な行為のように見えるが，社会生活上，重要である。闘争は，社会性の否定であり，破壊的にしか見えないが，葛藤という闘争は社会的に必要である（富永，2008：363）。信頼は，他者の全面肯定のように見えるが，実は，知と無知の両方から出来上がっている。異郷人や貧者は，社会の外部のように扱われてしまいがちだが，実は，社会の外部（否定）に属すると同時に内部（肯定）にも属する存在であり，その境界性のおかげで，独特の役割を担いうるのである。

5．過程としての社会化

以上のようにジンメルは，社会学の主流が関心を示す，具体的な集団や組織を論じることなく，否定的にしか見えない些末な社会現象を研究した。そんな彼が『社会学』の中で展開したのが，社会や集団の具体的な内容ではなく，抽象的な「社会化の形式」に関する抽象理論である。彼は，社会学とはすなわち

「社会化の形式」の研究であるとさえ考えていた。この姿勢もまた，哲学においてアプリオリな形式を探究したカントの継承だと言えよう。

ただし，ジンメルが「社会化（Vergesellschaftung)」と言う場合，それは，社会学の主流における社会化概念とは質的に異なっている。社会学の主流の考え方では，「社会化」とは，すでに「かたまり」として存在する社会の中へ，新しいメンバーとして個人が参入していくことである。だがジンメルの「社会化」はそれとは異なる。日本語で社会化という用語は一般的だが，ジンメルの場合，独特の意味合いが込められている。「ジンメルが『社会化』というのは，『社会』（Gesellschaft）を過程的に表現したもので，『社会関係形成』と訳したほうがよいかもしれない」（富永，2008：347)。

ジンメルの社会化概念はもちろん，相互行為主義的である。個人間の相互作用が，社会を時々刻々作り上げていく。あらかじめ社会という枠組みが「かたまり」として実在しているわけではないし，個人がその枠組みに入っていくわけでもない。社会化という道がすでにあるのではなく，人々が歩いていく跡が道となっていくのである。

社会化は一見すると分かりやすい概念であるが，自閉症のある人にとっては分かりにくいのかも知れない。『アスペルガー流人間関係』の中で当事者のホリデー＝ウィリー（Holliday-Willy, L.）は，社会学の主流の発想に基づく社会化概念に対して違和感を書き記している。「Encarta World English Dictionary（米国マイクロソフト社のCD-ROM百科事典）には『社会化するとは社会の中の人や組織と友好的かつ双方が満足する方法でかかわりをもつこと』とあります。何ですって？　この定義は私の論理を混乱させるばかりです」（Edmonds & Beardon，2011：126)。

また，この本の訳者・室﨑育美は「訳者あとがき」でこう記している。「この本の翻訳で難しかったのは，原書のタイトルでもある social relationship あるいは social という語でした。社会的関係，人間関係，人づきあい，いくつか訳語をあてましたが，執筆した人の言おうとすることを受け止めているか，狭く，あるいは広く訳しすぎていないか，頭をひねりながらの作業でした」（Edmonds & Beardon，2011：181)。

この意味ではむしろ，主流ではないジンメルの社会化概念の方が，自閉症のある人が自助グループを形成する過程を，より適切に描写できるように思われる。なぜなら，自閉症のある人にとっては，既存の社会や集団の暗黙のルールをすんなり受け入れ馴染んでいくことが難しいため，自分なりの納得の理屈をゼロから組み立てざるを得ないからである。DIY（do-it-yourself）のようなその組み立て方こそ，自閉症のある人にとっての「社会化」なのである。

6．現代にジンメルを活かす

現代社会においてジンメルの発想をどのように活かすべきか。彼の著作は100年も前に書かれているため，さすがに現代的とは言えず，また難解であるため，容易に使い回せる道具ではない。しかし，20世紀初頭ベルリンの異郷人を，社会の外部にいると同時に内部にいる存在と見たジンメルの眼差しを，現代社会に生きる自閉症のある人に向けることは可能だろう。彼の著作を社会学の古典として祭り上げるよりも，相互作用の中で形成しつつある過程的な思想として扱う方が，ジンメルに忠実だと言える。

今すでに存在する集団や組織を実体視してそれを出発点とするのではなく，〈集団のメンバーである個人同士の相互作用こそが集団を成り立たせる〉という視点を取ること。このようなミクロな視点によって，自助グループのメンバーである自閉症のある人同士の相互作用の観察から，自閉症のある人独自の「超越論的統覚」を見出せれば興味深いだろう。そもそもカントは，既存のものとは別種の「超越論的統覚」があるかもしれないと考えていた。このようなカントからジンメルへと継承された発想を現代に活かしていければと思う次第である。

文献

石川文康（1998）．カントはこう考えた――人はなぜ「なぜ」と問うのか――　筑摩書房．

居安正（2000）．ジンメルの社会学　いなほ書房．

Edmonds, G. & Beardon, L. (2008). *Asperger Syndrome & Social Relationships. : Adult Speak Out about Asperger Syndrome* London: Jessica Kingsley Publishers.（鈴木正子・室崎育美（訳）(2011). アスペルガー流人間関係――14人それぞれの経験と工夫――　東京書籍）

菅野仁（2003). ジンメル・つながりの哲学　日本放送出版協会.

黒崎政男（2000). カント『純粋理性批判』入門　講談社.

ゲオルク・ジンメル（著）居安正（訳）(2016). 社会学社会化の諸形成についての研究（上）新装復刊版　白水社.

富永健一（2008). 思想としての社会学――産業主義から社会システム理論まで――　新曜社.

細江容子（2001).「社会圏」としての家族が意味するもの　居安正・副田義也・岩崎信彦（編）21世紀への橋と扉――展開するジンメル社会学――　世界思想社 pp.145-161.

おわりに

障害のある人たちの自助グループには長い歴史がある。たとえば，監修者（藤野）が専門としている言語障害の領域では吃音者の言友会，喉頭摘出者の銀鈴会などがよく知られている。それに対して，発達障害の自助グループは比較的歴史が浅く形態も多様である。そして，当事者自身による自らのアイデンティティの探求や自分らしく生きることの模索などが発達障害者の自助グループにおいてはとりわけクローズアップされているように思われる。

2006年に国連総会で採決され，2013年に日本も批准した「障害者の権利に関する条約」では「私たちのことを私たち抜きで決めないで！（Nothing about us without us！）」がスローガンになっている。このような国際的な動向も背景とし，専門家による一方的な支援に対する異議申し立てが様々な場所から湧き上がった。とくに発達障害の場合，それを個人の病理に起因する問題とみなし，治療や支援を受けねばならないと考えることに再考が迫られるようになった。正常と異常という二項対立の不適切さは言うまでもなく，健常と障害という枠組みも素朴に受け入れることはできなくなっており，定型と非定型というパラダイムにシフトしている。

さらに今日では「神経多様性（Neurodiversity）」という観点から考えられるようになった。それまで症状とされていたものを認知や行動のスタイルとして捉える視点である。神経多様性の概念はもともと社会学に出自を持つが，自閉的共感性の仮説など脳科学的なエビデンスも集まりつつある。自閉症の人は自閉症の人に共感するという知見である。発達障害の自助グループ，すなわち類似した認知・行動スタイルをもつ人同士のコミュニティが参加者の生活の質，精神的健康，エンパワメントに果たす役割は，これまで考えられていた以上に大きいことが今後，様々な側面から明らかになっていくのではないだろうか。

そのようななかで，発達障害の人たちへの支援とは何か，また専門家の役割とは何か，などが今日問い直されている。本書は，発達障害の人たちが自分らしく生きることのできる社会システムはどうあるべきか，という問いに向けて投じられた一石でもあり，今後の議論の始点になるものと考える。

監修者　藤野　博

【執筆者紹介】（執筆順）

東條吉邦（とうじょう・よしくに）監修者，茨城大学名誉教授，茨城大学教育学部特任教授

高森　明（こうもり・あきら）　編著者，ASD当事者

上野真哉（うえの・しんや）　NPO法人DDAC理事

藤堂栄子（とうどう・えいこ）　星槎大学特任教授，認定NPO法人エッジ会長

柴田章弘（しばた・あきひろ）　認定NPO法人エッジ事務局長

尾崎ミオ（おざき・みお）　編集ライター，NPO法人東京都自閉症協会 副理事長

井上メグ（いのうえ・めぐ）　対人援助職

木谷秀勝（きや・ひでかつ）　山口大学教育学部附属教育実践総合センター教授

柏木理江（かしわぎ・りえ）　アスペの会・東京 運営責任者

日戸由刈（にっと・ゆかり）　相模女子大学人間社会学部教授

奥住秀之（おくずみ・ひでゆき）　東京学芸大学教育学部教授

三森睦子（みつもり・むつこ）　星槎大学総合キャリア支援センター特任准教授

照山絢子（てるやま・じゅんこ）　筑波大学図書館情報メディア系助教

竹中　均（たけなか・ひとし）　早稲田大学文学部教授

藤野　博（ふじの・ひろし）　監修者，東京学芸大学大学院教育学研究科（教職大学院）教授

※　所属は執筆時のものです。

【編著者紹介】

高森　明（こうもり・あきら）

ASD当事者。1975年エープリルフール生まれ。幼少時より，水頭症，微細脳機能障害，学習障害などの可能性が指摘されていたが，未診断のまま大人になった。26歳の時にアスペルガー症候群と診断された前後から，様々な発達障害当事者活動・自助グループの活動に関わっていた。現在は活動の重心を社会学，歴史学研究に移しながら，発達障害当事者たちの行く末を見守っている。また，労働市場を漂流する中で障害者福祉，就労の分野で働く機会があり，障害者支援に関する情報収集も行っている。主著は『アスペルガー当事者が語る特別支援教育―スロー・ランナーのすすめ』（金子書房，2007)。査読論文として「イギリス「障害者」政策史(1)ナショナル・ミニマム構想における「雇用不能者」」，『障害学研究』第13号（明石書店，2018)，「1909年『少数派報告』における「就業不能者」」，『障害学研究』第14号（明石書店，2018）を発表している。

【監修者紹介】

東條吉邦（とうじょう・よしくに）

茨城大学名誉教授。茨城大学教育学部特任教授。東京教育大学大学院教育学研究科修士課程修了。博士（心理学)。国立特殊教育総合研究所研究員，同主任研究官，同分室長，茨城大学教育学部教授を経て，現職。放送大学客員教授，東京学芸大学，お茶の水女子大学，京都大学，東洋大学等の非常勤講師，日本臨床発達心理士会茨城支部長，日本自閉症スペクトラム学会常任理事・編集委員長，文部科学省大学設置・学校法人審議会専門委員，日本学術振興会科学研究費委員会専門委員等を歴任。専門は臨床発達心理学。おもな著書に『自閉スペクトラムの発達科学』（共編著，新曜社，2018)，『発達障害の臨床心理学』（共編著，東京大学出版会，2010)，『自閉症児における大脳の左右半球機能差に関する研究』（風間書房，1993）など。

藤野　博（ふじの・ひろし）

東京学芸大学大学院教育学研究科（教職大学院）教授。東北大学大学院教育学研究科博士前期課程修了。博士（教育学)。東北厚生年金病院言語・心理治療室言語聴覚士，川崎医科大学附属川崎病院耳鼻咽喉科聴能言語訓練室言語聴覚士，川崎医療福祉大学医療技術学部専任講師，東京学芸大学教育学部専任講師，同助教授（准教授)，同教授を経て，現職。専門はコミュニケーション障害学，臨床発達心理学。おもな著書に『自閉スペクトラムの発達科学』（共編著，新曜社，2018)，『コミュニケーション発達の理論と支援』（編著，金子書房，2018)『発達障害のある子の社会性とコミュニケーションの支援』（編著，金子書房，2016）など。

※所属は執筆時のものです。

発達障害者の当事者活動・自助グループの
「いま」と「これから」

2020年４月24日　初版第１刷発行　［検印省略］

監　修　東條吉邦
　　　　藤野　博
編著者　高森　明
発行者　金 子 紀 子
発行所　株式会社　金 子 書 房
〒112-0012　東京都文京区大塚３−３−７
TEL 03-3941-0111㈹　FAX 03-3941-0163
振替　00180-9-103376
URL　http://www.kanekoshobo.co.jp
印刷／藤原印刷株式会社　　製本／一色製本株式会社

ISBN 978-4-7608-3280-4 C3011
Printed in Japan